स्काडा इलेक्ट्रिकल

SCADA ELECTRICAL

रनवीर सिंह

समर्पण

यह लेख उन लेखकों एवं संस्थानों के प्रति हार्दिक आभार व्यक्त करता है जिनके योगदान/लेखन को पूर्ण या आंशिक रूप से इस लेखन सामग्री में संयोजित किया गया है । विद्युत विभाग के सेवाकाल अनुभव और सेवा निवृति उपरान्त प्रशिक्षुकों के अनुरोध पर यह लेखन सामग्री संकलित की है, जिसका एकमात्र उद्देश्य केवल पूर्णत: प्रशिक्षण तथा वास्तविक राज के सदुपयोग के लिए समर्पण है ।

क्रम-सूची

प्रस्तावना

प्रस्तावना

बिजली का इतिहास लगभग सन 1880 से 1890 के दशक में प्रकाश व्यवस्था के लिए उपयोग में आया। जबकि युगों की चर्चा करते हैं तो सतयुग, त्रेता, द्वापर और कलियुग की चर्चा होती है । इससे स्पष्ट है कि बिजली इसी युग में कुछ ही वर्षों पहले से आयी । यही स्थिति सीमेंट की भी है । जबकि आज बिजली गाँव-गाँव, घर-घर हर आम व्यक्ति की हर आवश्यकता की पूर्ति में सहायक हो रही है । कभी कहा जाता था पानी के विषय में – बिन पानी सब सून । मोती मानस चून (आटा) ।। अब यह स्थान बिजली ने लिया है, बिन बिजली सब सून । इस यात्रा में बिजली ने बड़े उतार – चढ़ाव देखे हैं । सबसे पहले बिजली निजीकरण, उसके बाद सरकारीकरण, कम्पनीकरण और पुन: निजीकरण की ओर अग्रसर हो रही है । यह कड़वा सत्य है कि वर्तमान में बिजली आम उपयोग की वस्तु है, जिसके बिना जीवन दुष्वार है ।

इस यात्रा में विद्युत क्षेत्र में आधारभूत परिवर्तन आये हैं । लेखक ने भी अपनी शिक्षा के बाद 36 वर्ष इस क्षेत्र में सेवा के रूप में बिताए और उसके बाद भी प्रशिक्षण क्षेत्र में जुड़े रहने से भी लगभग 10 वर्ष का समय हो गया है । प्रशिक्षण के समय इस विद्युत व्यवस्था से जुड़े कर्मचारियों से नवीनतम विषयों की अनभिज्ञता और उनके विशेष अनुरोध पर इस विषय पर संक्षिप्त विवरण इस पुस्तक के माध्यम से प्रकाशित करने का एक प्रयास है । यद्यपि वर्तमान आई टी युग में हर जानकारी इंटरनेट के माध्यम से उपलब्ध है । परन्तु पुस्तक लेखन का अपना एक विशेष महत्त्व है, इसे कोई भी , कहीं भी, कभी भी पढ़ सकता है, विशेषकर उस भाषा का जानकार जिस भाषा में पुस्तक का लेखन किया गगा है । भारत में हिंदी भाषी क्षेत्र से सम्बन्धित विचार धाराओं के अनुरोध पर यह प्रयास किया गया है । अत: पुस्तक प्रकाशन हिंदी भाषा में किया गया है, जिससे कर्मचारी इसे आसानी से पढ़ कर समझ सकते हैं । यह भी उचित है कि तकनीकी से सम्बन्धित नामों को अधिकतर बोले जाने वाले नामों का ही उपयोग किया है ।

विद्युत व्यवस्था आमजन के लिए उपयोगी होने से आमजन की अपेक्षाएं निरंतर निर्बाध विद्युत आपूर्ति, उच्च गुणवत्ता के वोल्टेज के साथ मिलती रहे तथा किसी तरह के व्यवधान (फाल्ट) आने पर शीघ्रता से उनका निवारण करते हुए विद्युत आपूर्ति नियमित की जावे । इस सब का ध्यान रखते हुए वर्तमान तकनीकी व्यवस्था स्काडा इलेक्ट्रिकल का उपयोग इस क्षेत्र में शुरू किया गया है जिसके परिणाम भी आशाजनक आ रहे हैं । इस व्यवस्था में निम्नांकित पहलू इस प्रकार हैं : -

- यह वास्तविक समय पर्यवेक्षण के द्वारा बिजली वितरण प्रणाली में विश्वसनीयता और माप की गुणवत्ता में सुधार के लिए एक स्वचालन मदद उपकरण है ।

- पार्ट - ए - नियंत्रण केंद्र की स्थापना, रिमोट टर्मिनल यूनिट (आरटीयू) स्थापना, सब स्टेशन पर लिंक उपलब्धता, नियंत्रण केंद्र के साथ सब स्टेशन का परीक्षण समाप्त करने के लिए अंत।

- पार्ट – बी - सब स्टेशन (विद्युत उपकेंद्र) को मजबूत बनाने का काम, सब स्टेशन (विद्युत उपकेंद्र) पर स्काडा (SCADA) संगत उपकरण स्थापित किए जाने हैं।

- लिंक का काम - जल्दी गलती का पता लगाने और बहाली के लिए ऑटोरिक्लोजर, अनुभागीय, फीडर फाल्ट पैसेज इंडिकेटर (FPI), रिंग मेन यूनिट (RMU) की स्थापना।

- उपरोक्त से स्पष्ट है कि स्काडा (SCADA) विद्युत व्यवस्था के पर्यवेक्षण (सुपरवाइजरी) के द्वारा विद्युत व्यवस्था को नियंत्रित करता है और जानकारियों का विश्लेषण भी करता है । इस तकनीक में विद्युत व्यवस्था से सम्बन्धित उपकरणों को नियंत्रण केंद्र (कंट्रोल सेंटर) से स्वचालन अथवा मानव चालन द्वारा संचालित किया जाता है । इस व्यवस्था में संचार तकनीक, इंटेलिजेंस इलेक्ट्रॉनिक डिवाइस (आईईडी), स्वचालन प्रक्रिया, फाल्ट पैसेज इंडिकेटर (एफपीआई), रिंग मेन यूनिट (आरएमयू), दूरस्थ टर्मिनल इकाइयाँ (आरटीयू – रिमोट टर्मिनल यूनिट), प्रोग्रामेबल लॉजिक कंट्रोलर (पीएलसी), सुपरवाइजरी कंप्यूटर, ह्यूमन मशीन इंटरफ़ेस (एच एमआई), ऑटोरिक्लोजर आदि विशेषत: उपयोग होते हैं ।

- इस व्यवस्था से विद्युत आपूर्ति व्यवधानों को शीघ्रता से पता लगाकर, उनका निराकरण कर उपभोक्ताओं को बेहतर सेवा प्रदान की जाती है । साथ-साथ ही समग्र तकनीकी एवं वाणिज्यिक हानियों के सुधार में काफी सफलता मिलती है।

- इसके साथ ही पुस्तक में संक्षिप्त अक्षर जिनका बहुतायत में उपयोग हुआ है उनका पूर्ण विवरण भी अलग से संलग्न है।

आशा है कि विभागीय एवं अन्य आमजन इस पुस्तक के अध्ययन से अपनी सामान्य जानकारी को और अधिक जान सकेंगे, उपयोग कर सकेंगें, यही अपेक्षा है।

1

विद्युत सामान्य जानकारी

विद्युत सामान्य जानकारी

विद्युत (बिजली) क्षेत्र में सामान्यत: प्रयोग में आने वाले शब्द हैं: – यथा -

वोल्टेज (वोल्ट), करेंट (एम्पीयर), प्रतिरोध (रजिसटेन्स - ओहम), इम्पीडेंस (रजिसटेन्स + इंडक्टेन्स + केपेसिटेन्स), एसी सर्किट (परिपथ) के लिए – ओहम, लोड (किलोवाट, केवीए, अश्व शक्ति (हॉर्स पावर)), बिजली खपत यूनिट (किलोवाट आवर), पावर फ़ेक्टर, फ्रीक्यूएन्सी (50 हर्टज़), टैरिफ़ रेट आदि । दूसरे उपकरण और व्यवस्था से सम्बन्धित शब्द है – विद्युत उत्पादन केन्द्र (जेनरेटिंग स्टेशन/पावर हाउस), विद्युत लाइन/फीडर (ईएचटी - एक्स्ट्रा हाई टेन्शन, एचटी - हाई टेन्शन, एलटी - लो टेन्शन लाइन), कंडक्टर, पोल (वुडिन/लकड़ी, सीमेन्ट, आयरन (आरएस ज्वोईस्ट, चेनल, एचबीम, रेल, मोनो ब्लॉक, लेटिस, ट्यूबुलर/गोल पोल आदि), इन्सुलेटर (पिन, डिस्क, सपोर्ट टाइप), स्टे, चेनल, एंगल, ब्रेकिट, नट और बोल्ट, ट्रान्सफार्मर (पावर, वितरण, पीटी - पोटेन्शियल ट्रान्सफार्मर, सीटी - करेंट ट्रान्सफार्मर, सीटीपीटी/एमई - मीटरिंग ईक्विपमेंट), ब्रेकर (वीसीबी - वेक्यूम सर्किट ब्रेकर), आइसोलेटर, एबी (एयर ब्रेक) स्विच, पावर स्टेशन/विद्युत उप - केन्द्र/विद्युत सब - स्टेशन/बिजली घर, कंट्रोल रूम, विद्युत का उत्पादन (जेनरेशन), पारेषण (ट्रांसमीशन) और वितरण (डिस्ट्रीब्यूशन), मीटर (सिंगल फेज, थ्री फेज, एलटी, एचटी, बाई वेक्टर, एमडी, टू - पार्ट टैरिफ़, एक्सपोर्ट/इम्पोर्ट, नेट मीटरिंग, स्मार्ट आदि), उपभोक्ता (कंज़्यूमर) जिनका विस्तृत विवरण शब्दावली में अलग से दिया गया है ।

ओहम का नियम -

डीसी सर्किट के लिए ,

$V = I \times R \,, I = V/R \,, R = V/I$

$E = I \times R \,, I = E/R \,, R = E/I$

एसी सर्किट के लिए –

$V = I \times Z \,, (Z = R + L + C) \,, I = V/Z \,, Z = V/I$

E = I x Z , (Z = R + L + C), I = E/Z, Z = V/I

टिप्पणी – वोल्टेज को V और E दोनों से प्रदर्शित (प्रतीक) करते हैं ।

KVA Cos (fai) = KW ,

Cos (fai) = KW/KVA ,

1 H.P. = 0.746 KW ,

KVA = H.P. (At PF 0.746)

1 KWH = 1KW x 1 Hour = 1 Unit =1000w x60x60 second =3.6 x 10*6 joule (watt second)

loss = IxIxR, Capacitance - Q = C x V

श्रेणी क्रम - R = R1+R2+R3 + -,

L = L1 +L2 +L3 + - ,

1/C = 1/C1 +1/C2 +1/C3 + -

समानान्तर क्रम – 1/R =1/R1 +1/R2 +1/R3 + -,

1/L=1/L1 +1/L2 +1/L3 + - ,

C =C1+C2+C3 + -

केपेसिटर एवं इंडक्टर के सामान्य अन्तर –

इंडक्टर –

1 - करेंट के बदलाब का विरोध करता है ।

2 - स्वयं के आसपास चुम्बकीय क्षेत्र उत्पन्न करता है ।

3 - परिपथ में एसी करेंट के बहाव को सीमित करने की कोशिश करता है ।

4 - डीसी सप्लाई को गुजरने/पास देता है ।

5 - एसी सप्लाई में करेंट, वोल्टेज से 90 डिग्री पीछे रहता है ।

कैपेसिटर –

1 - वोल्टेज के बदलाव का विरोध करता है ।

2 - प्लेट्स के बीच विद्युतीय क्षेत्र उत्पन्न करता है ।

3 - परिपथ में एसी करेंट के बहाव को सीमित करने की कोशिश करता है ।

4 - डीसी सप्लाई को रोकता है ।

5 - एसी सप्लाई में करेंट, वोल्टेज से 90 डिग्री आगे रहता है ।

क्रमांक - - - इंडक्टर - - - कैपेसिटर

1. करेंट के बदलाब का विरोध करता है।, वोल्टेज के बदलाव का विरोध करता है।

2. स्वयं के आसपास चुम्बकीय क्षेत्र उत्पन्न करता है।, प्लेट्स के बीच विद्युतीय क्षेत्र उत्पन्न करता है।

3. परिपथ में एसी करेंट के बहाव को परिपथ में एसी करेंट के बहाव को सीमित करने की कोशिश करता है।, सीमित करने की कोशिश करता है।

4. डीसी सप्लाई को गुजरने/पास देता है ।, डीसी सप्लाई को रोकता है।

5. एसी सप्लाई में करंट, वोल्टेज से 90 डिग्री पीछे रहता है।, एसी सप्लाई में करंट, वोल्टेज से 90 डिग्री आगे रहता है।

ऊर्जा –

स्थितज ऊर्जा - पोटेन्शियल एनर्जी

गतिज ऊर्जा - कायनाइटिक एनर्जी

यांत्रिक ऊर्जा - मेकेनिकल एनर्जी

- तापीय ऊर्जा - थर्मल एनर्जी
- जलीय ऊर्जा - हायडिल एनर्जी
- गैस ऊर्जा - गैस एनर्जी
- रासायनिक ऊर्जा - केमीकल एनर्जी
- प्रकाशीय ऊर्जा - लाइट एनर्जी
- विद्युतीय ऊर्जा - इलेक्ट्रीकल एनर्जी
- ध्वनिक ऊर्जा - साउण्ड एनर्जी
- आणविक ऊर्जा - एटोमिक एनर्जी
- नाभिकीय ऊर्जा - न्यूक्लीयर एनर्जी
- राजनीतिक ऊर्जा - पोलिटीकल एनर्जी

विद्युत व्यवस्था – अक्षय ऊर्जा स्रोत

- सौर ऊर्जा – सोलर एनर्जी
- पवन ऊर्जा – विंड एनर्जी
- ज्वारीय ऊर्जा – टायडिल एनर्जी
- भू – गर्भीय ऊर्जा – जियो थर्मल एनर्जी
- अपशिष्ट ऊर्जा – बायो – मास एनर्जी
- गोबर गैस ऊर्जा – गोबर गैस एनर्जी
- हाइड्रोजन ऊर्जा – हाइड्रोजन एनर्जी
- सामाजिक ऊर्जा – सोसियल एनर्जी

विद्युत – व्यवस्था, आपूर्ति – गुणवता -

- आपूर्ति 24 x 7 (24 घंटे, सातों दिन) निर्बाध/लगातार होती रहे ।
- वोल्टेज ठीक हों, एलटी लाइन वोल्टेज +6 %, - 6 %, एचटी लाइन वोल्टेज +6 %, - 9%, ईएचटी लाइन वोल्टेज + 10%, - 12.5 % तथा वोल्टेज उतार – चड़ाव व वोल्टेज डिप न हों । हार्मोन्स फ्री वोल्टेज ।

- फ्रीक्वेन्सी 50 हर्ट्ज़, = + 1 %, -1 %
- ब्रेक डाउन प्रति माह - कमिशनरी/संभागीय मुख्यालय पर 5 नंबर/5 घंटा, जिला मुख्यालय - 25 नंबर/15 घंटा
- सामान्य मौसम में 10 ट्रिपिंग प्रति माह और मानसून/वर्षाती मौसम में 30 ट्रिपिंग प्रति माह से अधिक न हों
- व्यवधान के कारण – पेड़, उपकरण खराव होना, जनता, मौसम (आंधी – तूफान, बाढ़, आगजनी), आकाशीय विद्युत, पशु आदि
- ट्रिपिंग 3 से 5 मिनट तक का व्यवध्यान ट्रिपिंग कहलाता है ।

विद्युत – व्यवस्था – विद्युत – उपयोग

- मोटर – पावर/घूर्णन उपयोग
- हीटिंग – गरम उपयोग
- केमीकल ईक्विपमेंट, इलेक्ट्रो प्लेटिंग, बेल्डिंग
- बैटरी चार्जिंग
- इलेक्ट्रोनिक ईक्विपमेंट – इलेक्ट्रिनिक उपकरण (टीवी, कंप्यूटर आदि)
- लाइटिंग – प्रकाश उपयोग
- इलेक्ट्रिक वाहन चार्जिंग

टैरिफ के अनुसार उपयोग -
निम्न दाब टैरिफ और उच्च दाब टैरिफ
निम्न दाब टैरिफ –
घरेलू, गैर घरेलू (व्यावसायिक), कृषि, औद्यौगिक, सड़क बत्ती, जल प्रदाय, अस्थाई/ स्थाई कनेक्शन आदि ।

विद्युत व्यवस्था – समग्र तकनीकी एवं वाणिज्यिक हानियां (एटी एंड सी लासेस)

- एटी एंड सी लासेस – एग्रीग्रेट टेक्नीकल एंड कोमर्सियल लासेस (समग्र तकनीकी एवं वाणिज्यिक हानियां)
- वितरण व्यवस्था (33 केवी लाइन, 33/11 केवी विद्युत पावर उपकेंद्र, 11 केवी लाइन, वितरण ट्रांसफार्मर/11/0.4 केवी डीटीआर, एलटी लाइन, सर्विस लाइन और मीटर तक) में होने वाली हानि तकनीकी हानि कहलाती है, यह करंट के वर्ग के समानुपती होती है इन्हें ही कॉपर लॉस कहते हैं, ट्रांसफार्मर में कॉपर लॉस के अलावा कोर में लॉस होते हैं उन्हें आयरन लॉस कहते हैं ये एड्डी करंट और हिस्टरेसिस लॉस की वजह से होते हैं । ये लॉस ही तकनीकी लॉस होते हैं ।

तकनीकी हानि = क्रय (इनपुट) यूनिट – विक्रित (सोल्ड) यूनिट

- **वाणिज्यिक हानि (कोमर्सियल लॉस)** – ये हानि मीटर से मीटरिंग, बिलिंग, कलेक्शन (एमबीसी) के कारण होती हैं । गलत मीटर रीडिंग, मीटर बंद/खराब, जलना, मीटर वाईपास होना, मीटर गुणांक गलत लगाना, गलत टैरिफ़ से बिल बनना, बिल समय से न वितरित होना, बिल न पहुचना, उपभोक्ता से बिल लेने की सुविधा न होना, अथवा बिल भुगतान न करना, कनेक्शन समय से न विच्छेदन/कटना आदि मुख्य हैं
- **वाणिज्यिक हानि** = राजस्व देयक (रेवेन्यू बिल) राशि (डिमांड) – राजस्व संग्रहण (रेवेन्यू कलेक्शन)
- **एटी एंड सी लासेस** = (1 - बीई X सीई) X 100 प्रतिशत
- **बीई** – बिलिंग एफीसीऐन्सी (बिलिंग दक्षता) = विक्रित (सोल्ड) यूनिट/क्रय (इनपुट) यूनिट
- **सीई** – कलेक्शन एफीसीऐन्सी (संग्रहण दक्षता) = राजस्व संग्रहण राशि (रेवेन्यू कलेक्टिड)/राजस्व मांग राशि (रेवेन्यू डिमांड)
- **उदाहरण** – 100 यूनिट क्रय के बाद 80 यूनिट विक्रय हुईं, तब
- बीई = बिलिंग दक्षता = 80/100 = 0.8 हुई ।
- रूपये 80 की मांग में से केवल रुपये 60 वसूल हुए, तब
- सीई = भुगतान दक्षता = संग्रहण दक्षता = 60/80 = 0.75 हुई
- तब एटी एंड सी लासेस = (1- 0.8 x 0.75) x 100 =
- (1- 0.6) x 100 = 40 प्रतिशत

विद्युत व्यवस्था - विद्युत चालू – बंद (ऑन – ऑफ) प्रक्रिया -

- विद्युत की आपूर्ति (सप्लाई) फीडर के लिए निर्देशित समयानुसार फीडर को चालू किया जाता है ।
- 24 घंटे विद्युत आपूर्ति प्रवाहित करने वाले फीडर को हमेशा चालू रखना है, बशर्ते वह फीडर किसी व्यवधान/फाल्ट या पूर्व नियोजित/प्री अरेंजड कार्य हेतु निर्देशित समय को छोड़कर
- ऐसे फीडर जिनको निर्धारित समय के लिए विद्युत आपूर्ति प्रदाय किया जाना है, उस निर्धारित समय के लिए ही फीडर चालू रखना है । शेष समय के लिए फीडर बंद रखना है । इनमें मुख्यतः कृषि और मिक्स फीडर इस श्रेणी में आते हैं ।
- जब कोई फीडर व्यवधान (फाल्ट) के कारण बंद होता है तो व्यवधान दूर होने के बाद उसे चालू किया जा सकेगा ।
- जब कोई फीडर पूर्व नियोजित कार्य हेतु बंद होता है, कार्य पूर्ण होने के उपरांत तथा परमिट की प्रक्रिया का पालन करते हुए फीडर को चालू किया जाता है ।

- नवीन फीडर एवं उपकरण जिसका कार्य पूर्ण होता है उसको निर्धारित परीक्षण के उपरान्त निर्धारित निर्देशानुसार विद्युत आपूर्ति प्रदाय की जाती है ।

विद्युत - व्यवस्था - विद्युत आपूर्ति प्रदाय बंद करना/होना -

- फीडर पर निर्धारित विद्युत आपूर्ति के समय के अतिरिक्त समय में फीडर को बंद किया जाता है ।
- फीडर पर पूर्व आयोजित कार्य (संधारण कार्य एवं नवीन कार्य) करने हेतु फीडर को नियमानुसार परमिट की प्रक्रियाओं का पालन करते हुए उसे बंद किया जाता है ।
- फीडर पर ट्रिपिंग – फाल्ट आने के उपरांत यदि फीडर पुन: चालू नहीं होता है तब उसे फाल्टी (बाधित) फीडर घोषित कर उसे बंद कर दिया जाता है ।
- विशेष आपातकालीन स्थिति (तेज आंधी – तूफान, चक्रवात, बाढ़, आगजनी, दुर्घटना विशेष, दंगे आदि) में भी फीडर वरिष्ठ अधिकारियों के मार्गदर्शन के अनुरूप बंद किया जाता है ।
- फीडर व्यवधान मुख्यत: उत्पादन, पारेषण, उपकेंद्र, वितरण अथवा पूर्व नियोजित कारणों से होता है ।

विद्युत व्यवस्था – लाइन बाधित/फाल्टी होना -

- लाइन - लाइन का कोई फेज अर्थ होने पर, अर्थ फाल्ट के कारण बंद होती है –
- लाइन - लाइन के कोई फेज आपस में संपर्क होने से फेज टू फेज होने से ओवर करेंट फाल्ट के कारण बंद होती है –
- लाइन - लाइन अर्थ फाल्ट एवं ओवर करेंट फाल्ट दोनों के कारण भी बंद होती है –
- लाइन - लाइन के किसी फेज के जम्पर जलने, एबी स्विच पार्ट जलने, लाइन के एक फेज के डीओ जलने आदि से ओपन सर्किट होता है, परंतु लाइन बंद नहीं होती है तब भी सप्लाई पूरी नहीं होने से बाधा आती है, ऐसे में उपकेंद्र ऑपरेटर के तीनों फेजों पर एक समान लोड नहीं होगा तथा जो फेज ओपन सर्किट हुआ है उस फेज से संबन्धित व थ्री फेज उपभोक्ताओं को विद्युत आपूर्ति/सप्लाई ठीक नहीं मिलेगी ।
- उपरोक्त सभी परिस्थितियों में कर्मचारी नियमानुसार परमिट लेकर, लाइन डिस्चार्ज कर, शॉर्ट करके, फाल्ट निकाल कर फिर शॉर्ट निकालकर, डिस्चार्ज हटाकर अपने सभी साथियों को अवगत कराते हुए परमिट केन्सिल/निरस्त कराकर लाइन चालू करेगा ।

विद्युत आपूर्ति व्यवस्था (सप्लाई सिस्टम) का संधारण/अनुरक्षण (मेंटीनेंस) -

- वर्तमान में विद्युत ऊर्जा का उपयोग आम ब्यक्ति से लेकर समाज के हर स्तर के व्यक्तियों के लिए अत्यंत आवश्यक है । विद्युत के बिना किसी भी दैनिक क्रिया - कलाप की कल्पना भी संभव नहीं है ।

- वर्तमान में विद्युत शक्ति के रोज़मर्रा के साधन/इक्विपमेंट अधिक इस्तेमाल होने के कारण प्रत्येक घर/मकान/कार्यालय का विद्युत भार भी कई गुना बढ़ चुका है, परिणाम स्वरूप विद्युत लाइनों, ट्रांसफार्मरों एवं अन्य विद्युत प्रदाय के सब स्टेशन उपकरणों पर विद्युत भार बढ़ चुका है ।

- समय के साथ उपभोक्ताओं की संख्या तो बढ़ी ही है, साथ ही जागरूकता भी बढ़ी है, जिसके कारण उपभोक्ताओं को निर्बाध रूप से विद्युत सप्लाई दिया जाना अपेक्षित रहता है । परन्तु वर्तमान परिस्थितियों में कई बार विद्युत लाइनों, ट्रांसफार्मरों एवं संबन्धित उपकरणों में खराबी आने के कारण विद्युत व्यवस्था में व्यवधान पैदा हो जाते हैं । संधारण/अनुरक्षण/मेंटीनेंस पर ही ध्यान दिया जाकर विद्युत प्रदाय व्यवस्था में सुधार किया जा सकता है ।

विद्युत – संधारण/अनुरक्षण (मेंटीनेंस) –

- संधारण/मेंटीनेंस अर्थात सेवा में कार्यरत किसी विद्युत उपकरण का समय – समय पर किया गया निरीक्षण, परीक्षण, साफ – सफाई एवं एडजस्टमेंट का कार्य जिसके कारण उपकरण सुचारु रूप से कार्य करता रहे तथा किसी प्रकार का विद्युत अवरोध पैदा न करें । मेंटीनेंस का कार्य ब्रेक डाउन को कम करने हेतु किया जाता है, जो कि निश्चित अवधि के पश्चात किया ही जाना चाहिए । प्रिवेंटिव मेंटीनेंस एवं ब्रेक डाउन मेंटीनेंस में यही अंतर है कि ब्रेक डाउन मेंटीनेंस व्यवस्था भंग होने के पश्चात उपकरण को बंद करके रिपेयर/सुधार किया जाता है, जबकि प्रिवेंटिव मेंटीनेंस उपकरण को सेवा में रखते हुए तथा ब्रेक डाउन से बचाने के लिए किया जाता है ।

विद्युत व्यवस्था – संधारण/अनुरक्षण/मेंटीनेंस/सुधार

- विद्युत व्यवस्था सुधार की दृष्टि से तीन प्रकार के संधारण किए जाते है –
- 1- पीरिओडिकमेंटीनेंस/समय बद्ध संधारण – आमतौर पर एक वर्ष में दो बार (मानसून के बाद या दिवाली से पहले और दूसरा प्री मानसून/मानसून से पहले)
- 2 – करेक्टिव मेंटीनेंस/सुधारात्माक संधारण – जब कभी विद्युत व्यवस्था में ऐसी कमियाँ आ जाती हैं और समय रहते उनको सुधारा नहीं गया तो आगे आने वाले समय में व्यवधान होगा अतः ऐसे व्यध्यानों को पूर्व से ही सुधार लिया जाता है - जैसे पेड़ की डालियाँ, लूज जम्पर, ढीले तार और वे सभी कार्य जो पीरिओडिक मेंटीनेंस में किए जाते हैं ।

- 3 - ब्रैक डाउन मेंटीनेंस/व्यवधान संधारण – जब विद्युत व्यवस्था फाल्ट के कारण बाधित हो गई तब फाल्ट को दूर कर/निकालकर ही व्यवस्था नियमित होती है । पहले दोनों सुधार कार्यों में विद्युत व्यवस्था ब्रैक डाउन नहीं होती अपितु शट्डाउन लेकर सुधार कार्य किया जाता है ।

विद्युत संधारण – प्रिवेंटिव मेंटीनेंस

- प्रिवेंटिव मेंटीनेंस का कार्य मुख्य रूप से तीन भागों में विभाजित रहता है –
- 1- निरीक्षण (इंसपेक्शन) – किसी उपकरण को बगैर खोले, कार्य में रहते हुए आँखों से देखकर, आवाज सुनकर, सूंघकर या छूकर (जिनमें विद्युत प्रवाह नहीं होता) उसके कार्य निष्पादन तथा संभावित कमियों एवं भविष्यों में आने वाले फाल्ट का आंकलन करना होता है ।
- उदाहरण – लाइन का लोड चेक करके पता चलता है कि लाइन ओवर लोड तो नहीं है, ट्रांसफार्मर की बॉडी छूकर ठंडा अथवा गरम होने से लोड अथवा अन्य कोई डिफेक्ट/ फाल्ट पता चलता है ।
- 2- प्रिवेंटिव मेंटीनेंस – समय – समय पर उपकरण की टेस्टिंग करके उसकी कार्य प्रणाली की जांच करना, उपकरण की इलेक्ट्रिकल/मैकेनिकल सुदृढ़ता की जांच करना कि उपकरण सेवा में रखने लायक हेतु कोई फाल्ट आने के पूर्व कोई संधारण कार्य करने ताकि उपकरण में फाल्ट न आए । जैसे ट्रांसफार्मर ऑइल चेक कर परीक्षण करके तदानुसार कार्यवाही करना । ऑइल फिल्टर करना अथवा ऑइल बदलना आदि ।
- 3- ओवर हालिंग – ओवरहालिंग के अंतर्गत उपकरण को सेवा से हटाकर, खोलकर आवश्यक दुरुस्ती कार्य का सम्पादन करना तथा जरूरत होने पर पुराने पुर्जे बदल कर नए पुर्जे लगाना शामिल है ।

विद्युत संधारण – मानसून पूर्व (वर्षा से पहले)/मानसून बाद (दिवाली से पहले) -

- वर्ष में दो बार मानसून के आने के पहले (सामान्यत: 16 अप्रैल से 31 मई) और मानसून के बाद (सामान्यत: 1 सितंबर से 15 अक्टूबर) बिजली की लाइनों का और उपकरणों को फिट रखना जरूरी है । इसलिए संधारण से पहले निरीक्षण किया जाता है । निरीक्षण के बाद प्रायोजित कार्यक्रम निर्धारित कर ग्राहकों/उपभोक्ताओं को भी पूर्व सूचना देकर, मेंटीनेंस सामग्री तैयार का विधिवत संधारण किया जाता है । जिनमें मुख्य कार्य किए जाते हैं –
- पेड़ों की डाल/टहनियाँ छांटना/काटना, पोलों से घोंसले निकालना, लाइनों के ढीले तार खींचना, टेढ़े/झुके पोल सीधे करना, वी क्रॉस आर्म आदि के नट – बोल्ट कसना, अर्थिंग ठीक करना, टूटे/क्रैक इंसुलेटरों को बदलना, कट पॉइंट के जम्पर ठीक करना, स्टे ठीक

करना, निचले कंडक्टर की जमीन से नियमानुसार ऊंचाई रखना, गार्डिंग ठीक करना, जहां जरूरी हो वहां गार्डिंग करना, एबी स्विच/आइसोलेटर के प्वाइंट और जम्पर ठीक करना आदि ।

2

विद्युत इतिहास

विद्युत इतिहास

विद्युत इतिहास - विद्युत व्यवस्था – भारत –

विद्युत का इतिहास ज्यादा पुराना नहीं है । इस क्षेत्र की शुरुआत 18 वी शताब्दी से तथा शुरुआती विकास 19 वी शताब्दी से है । सन 1752 में बैंजामिन फ्रैंकलिन, सन 1800 में कुलम्बस नियम और अलेक्सजेंडर वोल्टाज़ - बैटरी, सन 1819 - 1820 में आंद्रे मेरे एम्पीयर, सन 1821 माइकल फैराडे, इलेक्ट्रिक मोटर, सन 1831 माइकल फैराडे - जेनरेटर, सन 1827 जॉर्ज ओहम - इलेक्ट्रिक सर्किट, सन 1834 में मोरिट्ज़ वॉन जलोबी इलेक्ट्रिक मोटर, सन 1861 - 1862 जेम्स क्लार्क मेक्सवैल - इलेक्ट्रो मेग्नेटिक फील्ड, सन 1879 - 1880 में थॉमस एडीसन – बल्व, सन 1879 वाल्टर बैली - इंडकसन मोटर, सन 1885 में जार्ज वेस्टिंग हाउस, सन 1887 निकोला टेसला में एसी ट्रान्सफार्मर आदि आए ।

भारत में विद्युत से संबन्धित रूपरेखा निम्नानुसार रही है जिसकी शुरुआत 19 वीं शताब्दी के आखिरी से होती है और 20 वीं शताब्दी में विकास शुरू हुआ है -

- 24 - 07 - 1879 – कलकता (कोलकाता) में प्रकाश व्यवस्था हेतू लाइट
- 1882 – बॉम्बे इलेक्ट्रिक सप्लाई ट्रांस वे (बीईएसटी)
- 07- 01 - 1897 – कलकता इलेक्ट्रिक सप्लाई कम्पनी
- 1897 हायडिल जेनरेशन दार्जलिंग 130 किलोवाट
- 1905 - बीईएसटी (बेस्ट - बोम्बे इलेक्ट्रिक सप्लाई एंड ट्रामवेज कम्पनी) ने जेनरेशन (उत्पादन) स्टेशन स्थापित किया ट्रामवे के लिए ।
- 05 - 08 - 1905 - स्ट्रीट लाइट (सड़क बत्ती) बंगलोर में, एशिया की पहली स्ट्रीट लाइट (सड़क बत्ती)
- 1920 – हुसैन सागर (हैदराबाद) 22.5 मेगावाट
- 18 – 08 - 1925 – इलेक्ट्रिक ट्राम बॉम्बे

- 1962 तारापुर बॉम्बे (शुरुआत) उत्पादन 1969 में 2x160 मेगावाट
- 18 – 08 - 2015 – कोचीन एयर पोर्ट - सोलर पेनल सिस्टम

विद्युत – व्यवस्था भारत -

- विद्युत भारत सरकार की समवर्ती (कोनकरेंट लिस्ट) सूची में सम्मिलित है ।
- अत: भारत सरकार और प्रदेश सरकार दोनों के नियमों का पालन करना होता है ।
- विद्युत का उत्पादन भारत सरकार, प्रदेश सरकार और निजी क्षेत्रों द्वारा किया जाता है ।
- नाभिकीय (न्यूक्लीयर) उत्पादन (परमाणु - ऊर्जा) केवल भारत सरकार करती है ।
- थर्मल(तापीय), हायडिल (जल), उत्पादन सभी के द्वारा किया जाता है ।
- अक्षय ऊर्जा (सोलर/सौर, विंड/पवन, टायडल/ज्वारभाटा, भूगर्भीय/जिओथर्मल, बायोमास/अपशिष्ट) से भी ऊर्जा उत्पादन होता है ।

भारत सरकार की संस्थाएं –

- आरईसी (रुरल इलेक्ट्रीफिकेशन कॉर्पोरेशन) - 1969 (पीएफसी में समाहित - 2019)
- एनटीपीसी (नेशनल थर्मल पावर कोरपोरेशन) - 1975
- एनएचपीसी (नेशनल हायडिल पावर कोरपोरेशन) - 1975
- पीएफसी (पावर फायनेंस कॉर्पोरेशन) - 1986
- एनपीसीआईएल (न्यूक्लीयर पावर कॉर्पोरेशन ऑफ इंडिया लिमिटिड) - 1987
- पीजीसीआईएल (पावर ग्रिड कॉर्पोरेशन ऑफ इंडिया लिमिटिड) - 1989
- एपीडीआरपी (एक्सीलरेटिड पावर डिवलपमेंट एंड रिफॉर्म प्रोग्राम)/त्वरित ऊर्जा विकास एवं सुधार कार्यक्रम – 2002,
- आरजीजीवीवाय (राजीव गांधी ग्राम विद्युतीकरण योजना) - 2005
- आरएपीडीआरपी (रिवाइज्ड एक्सीलरेटिड पावर डिवलपमेंट एंड रिफॉर्म प्रोग्राम)/पुनिरीक्षित त्वरित ऊर्जा विकास एवं सुधार कार्यक्रम - 2008
- आईपीडीएस (इंटीग्रेटिड पावर डिवलपमेंट स्कीम)/एकीकृत ऊर्जाविकास योजना - 2013
- डीडीयूजीजेवाय (दीन दयाल उपाध्याय ग्राम ज्योति योजना) - 2014
- उदय (यूडीएवाय - उज्ज्वल डिस्कोम योजना) - नवंबर 2015
- सौभाग्य योजना – 25 – 09 – 2017
- आरडीएसएस – पुनर्निर्मित वितरण क्षेत्र योजना (रेवंपेड डिस्ट्रीब्यूशन सेक्टर स्कीम) – 20 जुलाई 2021.

विद्युत अधिनियम (एक्ट) -

- नियम – कानून – भारत सरकार –
- भारतीय विद्युत अधिनियम (आईईएक्ट/इंडियन इलेक्ट्रिसिटी एक्ट) - 1910
- विद्युत (आपूर्ति) अधिनियम (इलेक्ट्रीसिटी सप्लाई एक्ट) - 1948
- परमाणु ऊर्जा आयोग - एटोमिक एनर्जी कमीशन (एईसी) - 1948
- केंद्रीय विद्युत प्राधिकरण (सीईए) - 1951
- भारतीय विद्युत नियम (आईईरूल्स) - 1956
- एटोमिक एनर्जी एक्ट (परमाणु ऊर्जा अधिनियम) - 1962
- उपभोक्ता संरक्षण अधिनियम - 1986
- इलेक्ट्रीसिटी रेगुलेटरी कमीशन एक्ट (ईआरसीएक्ट)/विद्युत विनियामक आयोग अधिनियम -1998
- ऊर्जा संरक्षण अधिनियम (एनर्जी कंजर्वेशन एक्ट) – 2001, (सुधार) 2010
- भारतीय विद्युत अधिनियम - 2003
- ऊर्जा दक्षता मानक - ब्यूरो ऑफ एनर्जी एफीसीन्यसी (बीईई) – 2008

विद्युत व्यवस्था – भारतीय विद्युत अधिनियम - 1910

- इस कानून के जरिए बिजली के लाइसेन्स, निर्माण कार्य, सप्लाई, ट्रांसमीशन और गैर लाइसेन्स वाले उपभोक्ताओं द्वारा ऊर्जा की खपत, प्रशासन और नियमन, आपराधिक और प्रक्रियाओं संबंधी विनियम है ।
-
- विद्युत (आपूर्ति) अधिनियम (इलेक्ट्रीसिटी सप्लाई एक्ट) -1948 -
- इस कानून के जरिए बिजली का उत्पादन और सप्लाई विनियमित की गई है । इसके अंतर्गत निम्नलिखित संस्थाएं बनी हैं –
- केंद्रीय विद्युत प्राधिकरण/सेंट्रल इलेक्ट्रिसिटी अथॉरिटी/सीईए
- राज्य विद्युत मंडल/स्टेट इलेक्ट्रिसिटी बोर्ड, ट्रांसमीशन कम्पनियाँ, जेनरेटिंग कम्पनियाँ
- राज्य विद्युत मंडल/स्टेट इलेक्ट्रिसिटी बोर्डों, ट्रांसमीशमन कंपनियों और जेनरेशन कंपनियों के अधिकार और कर्तव्य
- बोर्डों और कंपनियों के कार्य और व्यापार के तौर तरीके
- बोर्डों के वित्त, लेखा और लेखा परीक्षा विभाग

भारतीय विद्युत नियम (आईईरूल्स) - 1956 --

- इन नियमों के तहत लाइन व उपकरणों के स्थापना संबन्धित नियमों का उल्लेख है । विशेषत: लाइन निर्माण में लाइनों की आपस में दूरी, जमीन से दूरी, मार्ग/सड़क के किनारे, क्रॉस करते समय दूरी, भवन/ मकान के ऊपर, सहारे से दूरी, अर्थिंग, उपभोक्ता परिसर में मीटर, कट आउट आदि की स्थापना । सुरक्षा संबन्धित नियम आदि ।

विद्युत व्यवस्था – अधिनियम - 1998
विद्युत विनियामक आयोग (इलेक्ट्रिसिटी रेगुलेटरी कमीशन)

- इस अधिनियम में निम्नलिखित की व्यवस्था है –
- केंद्रीय और राज्य विद्युत विनियामक आयोगों की स्थापना
- केंद्रीय और राज्य ट्रांसमीशन संगठन
- बिजली की दरों को तर्क संगत/ठीक ठाक करना
- सब्सिडी के बारे पारदर्शी नीतियाँ

विद्युत व्यवस्था – भारतीय विद्युत अधिनियम (इंडियन इलेक्ट्रिसिटी एक्ट – आईई एक्ट) - 2003

- भारतीय विद्युत अधिनियम 2003 को राष्ट्रीय बिजली नीति के साथ भारत में बिजली क्षेत्र सुधारों का मुख्य बिन्दु कहा जाता है ।
- इसकी शुरुआत 1991 में तब हुई जब भारतीय विद्युत क्षेत्र में निजी क्षेत्र के प्रवेश की अनुमति दी गई । बिजली क्षेत्र में एमओयू (मेमोरंडम ऑफ अंडरस्टेंडिंग) रूट के जरिए बिजली उत्पादन में स्वतंत्र विद्युत उत्पादकों (आईपीपी/इंडिपेंडेंट पावर प्रोड्यूसर्स) को प्रवेश दिया गया ।
- विद्युत क्षेत्र के सुधारों का उद्देश्य यह सुनिश्चित करना रखा गया कि अधिक आत्म निर्भर, लाभकारी/किफ़ायती और अच्छे परिणाम देने वाला बन सके ।

विद्युत व्यवस्था – भारतीय विद्युत अधिनियम 2003, मुख्य पड़ाव

- 1991 – स्वतंत्र विद्युत उत्पादक (आईपीपी प्रोसेस)
- 1995 – प्रतिस्पर्धा बोली आवश्यक (कंपीटिटिव बिडिंग मेंडेटरी)
- 1996 – उड़ीसा सुधार अधिनियम, कॉमन मिनीमम एक्शन प्लान
- 1998 – केंद्रीय विद्युत विनियामक आयोग अधिनियम और विद्युत पारेषण में प्राइवेट सेक्टर की भागीदारी

- 1999 – अनेक राज्यों ने राज्य विद्युत विनियामक आयोगों का गठन और उड़ीसा मेंवितरण का निजीकरण
- 2001 – त्वरित विद्युत विकास एवं सुधार कार्यक्रम (एपीडीआरपी) बना
- 2002 – दिल्ली में बिजली वितरण व्यवसाय का निजीकरण
- 2003 – भारतीय विद्युत अधिनियम 2003
- 2004 – अंतरराज्य पारेषण विनियमन में प्रवेश में खुली छूट दी गई
- 2005 - आरजीजीवीवाई कार्यक्रम और राष्ट्रीय बिजली नीति
- 2006 - ग्राम विद्युतीकरण नीति ,
- 2013 - एकीकृत शक्ति विकास योजना (आईपीडीएस)
- 2014 - दीन दयाल उपाध्याय ग्राम ज्योति योजना (डीडीयूजीजेवाय)
- 2015 – उदय (यूडीएवाय – उज्ज्ववल डिस्कोम योजना),
- 2017 - (25 सितंबर) - सौभाग्य योजना
- 2020 – उपभोक्ता द्वारा अपने परिसर में सोलर पेनल के माध्यम से ऊर्जा का उत्पादन करना और स्वयं के उपयोग के साथ यदि अधिक उत्पादन होता है तो उस उत्पादन को सप्लाई कंपनी को देना, उसके हिसाब – किताब के लिए तदानुसार मीटर स्थापना (नेट मीटरिंग, एक्सपोर्ट/इम्पोर्ट मीटर) की व्यवस्था देना, रेट तय करना, बिलिंग, भुगतान, आवेदन संबन्धित प्रक्रिया आदि ।

ग्रिड मेनेजमेंट (ग्रिड प्रबन्धन) –

- वर्ष 1960 – 5 ग्रिड मेनेजमेंट (नॉर्दर्न, ईस्टर्न, वेस्टर्न, नॉर्दर्न – ईस्टर्न, साउदर्न)
- वर्ष 1990 – नेशनल ग्रिड – राष्ट्रीय ग्रिड
- वर्ष 1991 – अक्टूबर - ग्रिड इंटरकनेक्शन – (नॉर्दर्न - ईस्टर्न और ईस्टर्न)
- वर्ष 2003 - मार्च – ग्रिड इंटरकनेक्शन – (वेस्टर्न)
- वर्ष 2006 - अगस्त - ग्रिड इंटरकनेक्शन – (नॉर्दर्न)
- वर्ष 2013 - दिसंबर 31 - ग्रिड इंटरकनेक्शन – (साउदर्न)
- वन नेशन – वन ग्रिड – वन फ्रीक्वेन्सी (एक राष्ट्र – एक ग्रिड – एक फ्रीक्वेन्सी) (One Nation – One Grid – One frequency)

लोड मेनेजमेंट (भार प्रबन्धन) –

- एनएलडीसी – नेशनल लोड डिस्पेच सेन्टर
- आरएलडीसी – रीजनल लोड डिस्पेच सेन्टर
- एसएलडीसी – स्टेट लोड डिस्पेच सेन्टर
- डीएलडीसी – डिस्कोम लोड डिस्पेच सेन्टर

- डीसीसीसी ज़ेड डॉट कॉम – डिस्ट्रीब्यूशन कन्ट्रोल सेन्टर – सेंट्रल जोन
- डीसीसी ई ज़ेड डॉट कॉम – डिस्ट्रीब्यूशन कन्ट्रोल सेन्टर – ईस्ट जोन
- डीसीसी डब्ल्यू ज़ेड डॉट कॉम – डिस्ट्रीब्यूशन कन्ट्रोल सेन्टर – वेस्टर्न जोन
- पीओएसओसीओ – पावर सिस्टम ऑपरेशन कोरपोरेशन ऑफ इण्डिया
- एजीसी – आटोमैटिक जेनरेशन सिस्टम
- आरआरएएस – रिजर्वस रेगुलेशन एन्सिलरी सर्विसेस
- यूएमपीपी – अल्ट्रा मेगा पावर प्लांट
- आईईजीसी – इंडियन इलेक्ट्रीसिटी ग्रिड कोड
- एफआरसी – फ्रीक्वेन्सी रेसपोन्स केरेक्टरेस्टिक
- सीईआरसी – सेंट्रल इलेक्ट्रीसिटी रेगुलेटरी कमीशन/केंद्रीय विद्युत विनियामक आयोग

3

स्काडा (SCADA)

स्काडा (SCADA)

- **स्काडा (SCADA)** - पर्यवेक्षी नियंत्रण और डेटा अधिग्रहण (सुपरवाइजरी कन्ट्रोल एण्ड डाटा एनालिसिस)
- यह वास्तविक समय पर्यवेक्षण के द्वारा बिजली वितरण प्रणाली में विश्वसनीयता और माप की गुणवत्ता में सुधार के लिए एक स्वचालन मदद उपकरण है ।
- **पार्ट - ए** - नियंत्रण केंद्र की स्थापना, रिमोट टर्मिनल यूनिट (आरटीयू) स्थापना, सब स्टेशन पर लिंक उपलब्धता, नियंत्रण केंद्र के साथ सब स्टेशन का परीक्षण समाप्त करने के लिए अंत।
- **पार्ट – बी** - सब स्टेशन (विद्युत उपकेंद्र) को मजबूत बनाने का काम, सब स्टेशन (विद्युत उपकेंद्र) पर स्काडा (SCADA) संगत उपकरण स्थापित किए जाने हैं।
- **लिंक का काम** - जल्दी फाल्ट (गलती) का पता लगाने और बहाली के लिए ऑटोरिक्लोजर, अनुभागीय, फीडर पैसेज इंडिकेटर (FPI), रिंग मेन यूनिट (RMU) की स्थापना ।
- 1 - नियंत्रण कार्यों में स्काडा (SCADA) अवधारणा
- 2 - उपयोग का उदाहरण
- 3 - एससीडीए प्रणाली के घटक
- 3.1- सुपरवाइजरी कंप्यूटर
- 3.2 - दूरस्थ टर्मिनल इकाइयाँ (आरटीयू - RTU)
- 3.3 - प्रोग्रामेबल लॉजिक कंट्रोलर (पीएलसी - PLC)
- 3.4 - संचार अवसंरचना
- 3.5.– ह्यूमन मशीन इंटरफ़ेस
- 4 - अलार्म से निपटने

- 5 - पीएलसी (PLC) / आरटीयू (RTU) प्रोग्रामिंग
- 6 - पीएलसी वाणिज्यिक एकीकरण
- 7. संचार अवसंरचना और विधियाँ
- 8 - स्काडा वास्तुकला विकास (प्रथम, द्वितीय, तृतीय, चौथी पीढ़ी)
- 9 - सुरक्षा के मुद्दे

- आर्किटेक्चर - -
- 1. बिजली की आपूर्ति
- 2. डिजिटल (स्थिति) इनपुट्स
- 3.अनलोग इनपुट्स
- 4.डिजिटल (कंट्रोल रिले) आउटपुट
- 5.आनलोग आउटपुट
- 6. सुरक्षा और तर्क नियंत्रण
- 7. संचार -
- 7.1- इंटेलिजेंस इलेक्ट्रॉनिक डिवाइस (IED) संचार
- 7.2.- मास्टर संचार
- अनुप्रयोग -
- अनुप्रयोग - कार्यों की रिमोट मॉनिटरिंग और इसके लिए इंस्ट्रूमेंटेशन
- 1. तेल और गैस (अपतटीय प्लेट रूपों, तटवर्ती तेल कुओं, पंप स्टेशनों, या पाइप लाइनों)
- 2. नेट वर्क्स और पंप स्टेशन (अपशिष्ट जल संग्रह, या जल आपूर्ति के लिए)
- 3. पर्यावरण निगरानी प्रणाली (प्रदूषण, वायु गुणवत्ता, उत्सर्जन निगरानी)
- 4 - .माइन (खनिज) – साइटें
- 5. एयर ट्रैफिक उपकरण जैसे नेविगेशन एड्स (DVOR, DME, ILS)

- दूरस्थ निगरानी और कार्यों और उपकरणों के लिए नियंत्रण -
- 1. हाइड्रोग्राफिक (पानी की आपूर्ति, जलाशय, सीवेज सिस्टम)
- 2. इलेक्ट्रिकल पावर ट्रांसमिशन नेटवर्क और संबंधित उपकरण
- 3. प्राकृतिक गैस नेटवर्क और संबंधित उपकरण
- 4. काम करने वाले मजदूर - - सायरन
- 5. बायोस्फीयर ii परियोजनाएं

- वितरण नेटवर्क के संपूर्ण प्रचालनों का क्षेत्रवार समय पर निगरानी, नियंत्रण और पर्यवेक्षण करना।
- उपभोक्ताओं को विश्वसनीय निर्बाध बिजली की आपूर्ति करना ।

- सिस्टम में गलती की घटना के दौरान आउटेज क्षेत्र और समय को कम करने के लिए।
- उपयोगिता की विश्वसनीयता में सुधार करने के लिए।
- सिस्टम की परिचालन लागत कम करने के लिए।
- टी एंड डी (ट्रांसमीशन एंड डिस्ट्रीब्यूशन) और एटीएंडसी (समग्र तकनीकी एवं वाणिज्यिक) लॉस के संदर्भ में पावर लॉस को कम करने के लिए।
- प्रणाली में उच्च दक्षता होना।

- वितरण प्रणाली में बिजली चोरी को स्थानांतरित करने के लिए।
- उपयोगिता -
- बेहतर सैफी (SAIFI – System Average Interruption Frequency Index) विश्वसनीयता के आंकड़े (20% से 30% सुधार)।
- बेहतर सैडी (SAIDI – System Average Interruption Duration Index) विश्वसनीयता आंकड़े (10% से 20% सुधार)।
- ग्राहकों की संतुष्टि में सुधार।
- अधिक कुशल और लचीली वितरण प्रणाली का संचालन।
- वितरण प्रणाली पर बेहतर वोल्टेज और VAR (Volt-Ampere Reactive) नियंत्रण।
- अधिक लचीला और लागत कुशल सर्किट डिजाइन संभव है।
- अधिक प्रभावी वितरण प्रणाली रखरखाव ।
- वितरण स्वचालन प्रणाली निम्नलिखित चुनौतियों का सामना कर रही थी। -
- वितरण लाइनों की स्थिति के बारे में दृश्यता का अभाव ।
- दोषों के स्थान की पहचान करने में कठिनाई दूर से मैन्युअल हस्तक्षेप के लिए अग्रणी है।
- आउटेज के बाद बिजली की बहाली में देरी।
- रखरखाव की लागत में वृद्धि।
- वितरण स्वचालन शुरू करने में सड़क ब्लॉक।

- स्वचालन द्वारा समाधान ।
- सुधार और सुधार।
- वितरण लाइनों और बाहरी उपकरणों की स्थिति के बारे में वास्तविक समय के इनपुट के पास प्रदान किया गया।
- एक आउटेज के बाद बिजली बहाल करने में देरी।
- कम हुई इंवेंट्री देरी।
- वितरण स्वचालन प्रणाली -

- वितरण स्वचालन समाधान वितरण ट्रांसफॉर्मर (DT), कैपेसिटर बैंक (CB), रिंग मेन यूनिट्स (RMU), ऑटोरक्लोसर्स, अनुभागीय और फ़ॉल्ट पैसेज इंडिकेटर्स (FPI) सहित प्रमुख वितरण उपयोगिता उपकरणों की वास्तविक समय स्वचालित रिमोट मॉनिटरिंग को सक्षम करता है और इसे स्काडा (SCADA) के साथ एकीकृत करता है।
- डीएमएस (DMS) प्रणाली
- वितरण ट्रांसफार्मर (DT)
- संधारित्र बैंक (CB)
- रिंग मेन यूनिट्स (RMU)
- ऑटोरिक्लोजर्स (Autoreclosers)
- सेकशनलाइजर्स (Sectionalizers)
- दोष मार्ग संकेतक/फाल्ट पैसेज इंडिकेटर (FPI)

अनुप्रयोग - -

सिस्टम को इंगित करने में गलती पारित होने का मुख्य कार्य मध्यम वोल्टेज प्रणाली में इसकी स्थापना के बिंदुओं से डाउन स्ट्रीम अनुभाग में होने वाले दोषों की पहचान करना है। यह वोल्टेज की उपस्थिति और मध्यम वोल्टेज लाइन में वर्तमान प्रवाह की निरंतर निगरानी के द्वारा प्राप्त किया जाता है। वोल्टेज की अनुपस्थिति के साथ-साथ वर्तमान में किसी भी वृद्धि को उपकरण द्वारा संकेत दिया जाता है, एफपीआई में चमकती रोशनी से दोष स्थिति का संकेत मिलता है। यह सूचना एक उपयुक्त संचार चैनल के माध्यम से नियंत्रण केंद्र पर स्काडा (SCADA) प्रणाली को आगे संचरण के लिए स्थापित संचार गेट रास्ते के लिए रेडियो संकेतों का उपयोग करके भेजी जाती है। इस प्रणाली का उपयोग उपयोगिता लाइन के दोष के बारे में जानकारी प्राप्त करता है। यह संकेत गलती को खोजने के लिए पूरी लाइन की गश्त को खत्म करने में मदद करता है, अंततः बहाली के समय को कम करता है।

विशेषताएं -

फॉल्ट पैसेज इंडिकेटर्स (FPI) को ओवर हेड मीडियम वोल्टेज लाइन पर क्लिप करने के लिए डिज़ाइन किया गया है। आमतौर पर, 3 गलती मार्ग संकेतक प्रत्येक फेज पर एक सर्किट-ऑन पर क्लिप किए जाते हैं। एफपीआई निम्नलिखित कार्य करता है - -

फेज में चल रहे करंट का पता लगाने पर इसे क्लिप किया जाता है।

क्षणिक / स्थायी फेज का पता लगाने के लिए – फेज, फेज - से - पृथ्वी दोष (अर्थ फाल्ट) ।

लाइसेंस फ्री शॉर्ट रेंज रेडियो फ्रीक्वेंसी का उपयोग करके संचार गेटवे को सूचना का संचार।

गलती की घटना पर स्थानीय प्रकाश संकेत प्रदान करने के लिए, जो बदले में गलती खोजने और रखरखाव गतिविधि के लिए एक उपयोगी जानकारी है ।

स्थापना का स्थान - यह एक कट बिंदु के स्थान पर स्थापित किया जाता है या जहां लाइन / अनुभाग / टैपिंग शब्द समाप्त होता है ।

रीसेट - मैनुअल रीसेट, समयबद्ध रीसेट, स्वचालित रीसेट

दोष (फाल्ट) - स्थायी दोष, अस्थायी दोष, क्षणिक दोष।

रिमोट कंट्रोल लाइन करंट के मूल्य में मदद करता है, ट्रिप करंट ट्रिप ट्रिप के मूल्य में मदद करता है

रिमोट टर्मिनल यूनिट (RTU) -

- रिमोट टर्मिनल यूनिट एक माइक्रोप्रोसेसर-नियंत्रित इलेक्ट्रॉनिक उपकरण है जो भौतिक दुनिया में वस्तुओं को एक मास्टर सिस्टम में टेलीमेट्री डेटा को प्रेषित करके और मास्टर पर्यवेक्षी के संदेशों का उपयोग करके वितरित नियंत्रण प्रणाली / स्काडा (SCADA) प्रणाली में हस्तक्षेप करता है।
- आरटीयू (रिमोट टर्मिनल यूनिट – RTU) -
- आरटीयू - पावर सप्लाई - विभिन्न सीपीयू के लिए एसी मेन से परिचालन के लिए पावर सप्लाई का एक रूप शामिल किया जाएगा, स्टेटस वेटिंग वोल्टेज और अन्य इंटरफेस कार्ड। यह एसी से डीसी कन्वर्टर्स में शामिल हो सकते हैं जहां स्टेशन से संचालित होता है।
- रिंग मेन यूनिट (RMU) -
- रिंग मेन यूनिट (आरएमयू) पूरी तरह से सील, गैस - इंसुलेटेड कॉम्पैक्ट स्विचगियर यूनिट है। प्राथमिक स्विचिंग डिवाइस या तो डिस्कनेक्टर्स स्विच कर सकते हैं या फ़्यूज़ स्विच डिस्कनेक्टर्स या सर्किट ब्रेकर।
- यदि सर्किट ब्रेकर स्विचिंग डिवाइस है, तो यह सुरक्षात्मक रिलेइंग से भी लैस है, या तो बहुत ही मूल स्वयं संचालित प्रकार या संचार क्षमताओं के साथ अधिक उन्नत है।
- यह आमतौर पर एक ऐसे स्थान पर स्थापित किया जाता है, जहां आने वाली आपूर्ति एक से अधिक होती है।
- ये कार्य चार प्रकार के स्काडा (SCADA) घटकों द्वारा किए जाते हैं।
- सेंसर (या तो डिजिटल या एनालॉग) और नियंत्रण रिले का प्रबंधन प्रणाली के साथ सीधे इंटरफ़ेस, आरटीयू (रिमोट टेलीमेट्री यूनिट) सेंसर से रिपोर्ट इकट्ठा करने और रिले को नियंत्रित करने के लिए कमांड देने के लिए स्थानीय संग्रह बिंदुओं के रूप में कार्य करता है।
- चार – डेटा, सेंसर, नेटवर्क, और आरटीयू
- कार्य -

- विद्युत उपयोगिताओं सर्किट ब्रेकरों के संचालन की निगरानी करने और पावर ग्रिड के लिए या ऑफ़लाइन अनुभाग लेने के लिए वर्तमान प्रवाह और लाइन वोल्टेज का पता लगाने के लिए स्काडा (SCADA) सिस्टम का उपयोग करती हैं।
- स्काडा (SCADA) – केंद्रीकृत पर्यवेक्षी नियंत्रण और डेटा अधिग्रहण कन्ट्रोल (Control) कंप्यूटर सिस्टम को संदर्भित करता है जो बड़े क्षेत्रों में फैले औद्योगिक, बुनियादी ढांचे या प्रणालियों के मॉनिटर और नियंत्रण करते हैं। स्काडा (SCADA) मास्टर स्टेशन प्रणाली और संबंधित हार्डवेयर क्षेत्र आधारित दूरस्थ टर्मिनल इकाइयाँ (RTU)।

स्काडा आमतौर पर एक को संदर्भित करता है ।
पीएलसी (PLC) और एम 2 एम (M2M) -

- पीएलसी - प्रोग्रामेबल लॉजिक कंट्रोलर - यह एक हार्डवेयर होता है, जो सीधे फील्ड इंस्ट्रूमेंट्स के संपर्क में होता है, यह पीएलसी मेमोरी स्काडा (SCADA) में स्टोर किए गए लॉजिक के अनुसार काम करता है, यह एक सॉफ्टवेयर है जो आउटपुट और फीडबैक को विजुअल तरीके से दिखाता है जो पीएलसी नहीं कर सकता।
- एम 2 एम - एक व्यापक रूप से इस्तेमाल किया जाने वाला शब्द है जो किसी भी तकनीक को संदर्भित करता है जो नेटवर्क उपकरणों को सूचनाओं का आदान-प्रदान करने और मनुष्यों की मैनुअल सहायता से कार्यों को करने में सक्षम बनाता है।
- मॉडेम (MODEM) -
- एक मॉडेम (मॉड्यूलेटर – डेमोडुलेटर) एक नेटवर्क हार्डवेयर डिवाइस है, जो ट्रांसमिशन के लिए डिजिटल जानकारी को एनकोड करने के लिए एक या एक रो अधिक वाहक तरंग संकेतों को नियंत्रित करता है और प्रेषित सूचना को डीकोड करने के लिए सिग्नल को डीकोड करता है। लक्ष्य एक सिग्नल का उत्पादन करना है जिसे आसानी से प्रसारित किया जा सकता है और इसे डीकोड किया जा सकता है। मूल डिजिटल डेटा को पुनः पेश करें। मॉडेम का उपयोग एनालॉग सिग्नल को प्रसारित करने के किसी भी साधन के साथ किया जा सकता है, प्रकाश उत्सर्जक डायोड से रेडियो तक। एक सामान्य प्रकार का मॉडेम वह है जो डिजिटल डेटा को चालू करता है ।
- मोडेम को आम तौर पर डेटा की अधिकतम मात्रा द्वारा वर्गीकृत किया जाता है जिसे वे समय की एक इकाई में भेज सकते हैं, आमतौर पर प्रति सेकंड बिट्स (प्रतीक बिट (एस), कभी-कभी संक्षिप्त 'बीपीएस', या प्रति सेकंड बाइट्स (प्रतीक बी) के रूप में व्यक्त किया जाता है।)। मॉडम्स को उनके प्रतीक दर के आधार पर भी वर्गीकृत किया जा सकता है, बॉड में मापा जाता है। बॉड इकाई प्रति सेकंड या प्रति सेकंड मॉडेम की संख्या को दर्शाता है और एक नया संकेत भेजता है। उदाहरण के लिए, ITU V.21 मानक

का उपयोग ऑडियो फ्रीक्वेंसी - दो अलग-अलग प्रतीकों के साथ दो संभावित प्रतीकों (या प्रति प्रतीक एक बिट) के लिए शिफ्ट कीइंग, 300 बॉड का उपयोग करके प्रति सेकंड 300 बिट्स ले जाने के लिए किया जाता है। इसके विपरीत, मूल ITU V.22 मानक, जो चार अलग-अलग प्रतीकों (प्रति प्रतीक दो बिट्स) को संचारित और प्राप्त कर सकता है, चरण-शिफ्ट कुंजीइङ्ग का उपयोग करके 600 प्रतीकों वाले दूसरे (600baud) को भेजकर 1,200 बिट्स प्रेषित करता है।

- **मोडम प्रकार**
- डायलअप मॉडेम, ब्रॉडबैंड, रेडियो, डीसी पावरलाइन, वाईफाई और वाईमैक्स, मोबाइल ब्रॉडबैंड, ऑप्टिकल मोडेम, होम नेटवर्किंग, वॉयस मॉडेम
- **ब्रॉडबैंड-एसएडीएसएल** (असममित डिजिटल ग्राहक लाइन) 0modems, एक अधिक हालिया विकास, टेलीफोन के वॉयस बैंड ऑडियो फ्रीक्वेंसी तक सीमित नहीं हैं। मानक ट्विस्टेड पेयर टेलीफोन केबल कम दूरी के लिए कर सकते हैं, केबल की अधिकतम फ्रीक्वेंसी रेटिंग ADSL ब्रॉडबैंड की तुलना में बहुत अधिक आवृत्तियों के साथ सिग्नल ले जाते हैं। इस क्षमता का लाभ उठाता है।
- **मोबाइल ब्रॉड बैंड** - मोडेम जो एक मोबाइल टेलीफोन सिस्टम (जीपीआरएस, यूएमटीएस, एचएसपीए, ईवीडीओ, विमैक्स, आदि।) का उपयोग करते हैं, मोबाइल ब्रॉड बैंड मोडेम के रूप में जाना जाता है (कुछ समय जिसे वायरलेस मोडेम भी कहा जाता है)। वायरलेस मॉडेम को एक लैपटॉप या उपकरण के अंदर एम्बेड किया जा सकता है, या इसके लिए बाहरी हो सकता है। बाह्य वायरलेस मोडेम कनेक्ट कार्ड, मोबाइल ब्रॉडबैंड और सेलुलर राउटर के लिए यूएसबी मोडेम हैं। कनेक्ट कार्ड एक पीसी कार्ड या कंप्यूटर पर व्यक्त कार्ड स्लॉट है। यूएसबी (USB) वायरलेस मॉडेम एक पीसी c के बजाय लैपटॉप पर यूएसबी (USB) पोर्ट का उपयोग करते हैं।
- अधिकांश जीएसएम वायरलेस मोडेम एक एकीकृत सिम कार्डधारक के साथ आते हैं और कुछ मॉडल अतिरिक्त बाहरी एंटीना के लिए एक माइक्रो एसडी मेमोरी स्लॉट और जैक के साथ भी प्रदान किए जाते हैं। सीडीएमए संस्करण आर-यूआईएम कार्ड का उपयोग नहीं करते हैं, बल्कि इसके बजाय इलेक्ट्रॉनिक सीरियल नंबर (ईएसएन) का उपयोग करते हैं।
- **ऑप्टिकल मोडेम** - फाइबर ऑप्टिक सिस्टम को द्विघात आयाम मॉड्यूलेशन के उपयोग से उन्नत किया जा सकता है। न्यूनाधिक और डिमॉड्युलेटर एक ही असेंबली के बजाय अधिकांश मॉडेम के साथ अलग-अलग घटक हैं।
- **मॉड्यूल (MODULE)** -
- मॉड्यूल - एक मॉड्यूल कार्यक्रम का एक हिस्सा है। एक मॉड्यूल सॉफ्टवेयर या हार्डवेयर की एक अलग इकाई है, एक मॉड्यूल घटकों की विशिष्ट विशेषताओं में पोर्टबिलिटी शामिल होती है, जो उन्हें विभिन्न प्रकार की प्रणाली में उपयोग करने की अनुमति

देती है, और अंतर ऑपरेटिव जो उन्हें अन्य सिस्टम के घटकों के साथ कार्य करने की अनुमति देता है।

- सिम (SIM) -
- सिम - एक ग्राहक पहचान मॉड्यूल या ग्राहक पहचान मॉड्यूल एक एकीकृत सर्किट है जो अंतरराष्ट्रीय मोबाइल ग्राहक पहचान (आईएमएसआई) को सुरक्षित रखने के उद्देश्य से है।
- सिम कार्ड - एक सिम कार्ड, जिसे ग्राहक पहचान मॉड्यूल के रूप में भी जाना जाता है, एक स्मार्ट कार्ड है जो जीएसएम सेलुलर टेलीफोन उपभोक्ताओं के लिए डेटा संग्रहीत करता है। इस तरह के डेटा में उपयोगकर्ता की पहचान, स्थान और संख्या, नेटवर्क प्राधिकरण डेटा, व्यक्तिगत सुरक्षा कुंजी, संपर्क सूची और संग्रहीत पाठ संदेश शामिल हैं।
- राउटर (ROUTER) -
- राउटर - एक राउटर एक नेटवर्किंग डिवाइस है जो कंप्यूटर नेटवर्क के बीच डेटा पैकेट को फॉरवर्ड करता है। राउटर इंटरनेट पर यातायात निर्देशन कार्य करते हैं। डेटा पैकेट आमतौर पर नेटवर्क के माध्यम से एक राउटर से दूसरे राउटर के लिए भेजा जाता है जो एक इंटरनेटवर्क का निर्माण करता है जब तक कि वह अपने गंतव्य नोड तक नहीं पहुंचता।
- एक राउटर विभिन्न नेटवर्कों से दो या अधिक डेटा लाइनों से जुड़ा होता है। जब डेटा पैकेट किसी एक लाइन पर आता है, तो राउटर अंतिम गंतव्य निर्धारित करने के लिए पैकेट में नेटवर्क एड्रेस की जानकारी को पढ़ता है। फिर , इसकी रूटिंग टेबल या रूटिंग नीति में जानकारी का उपयोग करते हुए , यह पैकेट को अपनी यात्रा के अगले नेटवर्क पर निर्देशित करता है।
- सबसे परिचित प्रकार के राउटर घर और छोटे कार्यालय राउटर हैं जो घर के कंप्यूटर और इंटरनेट के बीच बस आईपी पैकेट को अग्रेषित करते हैं। एक राउटर का उदाहरण मालिक का केबल या डीएसएल (डिजिटल सब्सक्राइबर लाइन) राउटर होगा , जो इंटरनेट से कनेक्ट होता है एक इंटरनेट सेवा प्रदाता (ISP) । अधिक परिष्कृत राउटर , जैसे एंटरप्राइज़ राउटर , बड़े व्यवसाय या आईएसपी नेटवर्क को शक्तिशाली कोर राउटर से कनेक्ट करते हैं जो इंटरनेट बैकबोन के ऑप्टिकल फाइबर लाइनों के साथ उच्च गति पर डेटा अग्रेषित करते हैं। हालांकि राउटर आमतौर पर हार्डवेयर डिवाइस समर्पित होते हैं , सॉफ्टवेयर आधारित राउटर भी मौजूद होते हैं।
- आरएफ (RF) -
- आरएफ रेडियो फ्रीक्वेंसी/रेडियो आवृत्ति विद्युत चुम्बकीय तरंग आवृत्तियों में से कोई भी है जो लगभग 20 केएचजेड से 300 जीएचजेड तक फैली हुई सीमा में है, मोटे तौर पर रेडियो संचार में उपयोग की जाने वाली आवृत्तियां

- हालाँकि, रेडियो फ्रीक्वेंसी दोलन की एक दर है, लेकिन "रेडियो फ्रीक्वेंसी" या इसके संक्षिप्त नाम "RF"का उपयोग रेडियो – के पर्याय के रूप में किया जाता है। उदाहरण - विद्युत तारों के माध्यम से संचार के विपरीत, बेतार संचार के उपयोग का वर्णन करने के लिए।

- ग्लास कोर के साथ एक पतली लचीली फाइबर जिसके माध्यम से प्रकाश संकेतों को बहुत कम नुकसान के साथ भेजा जा सकता है ।

- ऑप्टिकल फाइबर -

- फाइबर - ऑप्टिक संचार एक ऑप्टिकल फाइबर के माध्यम से प्रकाश की दालों को भेजकर एक स्थान से दूसरे स्थान पर सूचना प्रसारित करने की एक विधि है। प्रकाश एक विद्युत चुम्बकीय वाहक लहर बनाता है जिसे जानकारी ले जाने के लिए संशोधित किया जाता है। उच्च बैंडविड्थ, लंबी दूरी, या विद्युत चुम्बकीय इंटरफ़ेस के लिए प्रतिरक्षा की आवश्यकता होने पर फाइबर को बिजली के केबल बिछाने पर पसंद किया जाता है ।

- कई दूरसंचार कंपनियों द्वारा ऑप्टिकल फाइबर का उपयोग टेलीफोन सिग्नल, इंटरनेट संचार और केबल टेलीविजन सिग्नल प्रसारित करने के लिए किया जाता है।

- प्रत्येक फाइबर कई स्वतंत्र चैनलों को ले जा सकता है, प्रत्येक प्रकाश की एक अलग तरंग दैर्ध्य (वेवलेंथ - डिवीजन - मल्टीप्लेक्सिंग डब्ल्यूडीएम) का उपयोग करता है ।

- एपीआई एप्लिकेशन प्रोग्रामिंग इंटरफ़ेस (API) -

- कंप्यूटर प्रोग्रामिंग में, एक एप्लिकेशन प्रोग्रामिंग इंटरफ़ेस (एपीआई) एप्लिकेशन सॉफ़्टवेयर के निर्माण के लिए सबरूटीन परिभाषाओं, प्रोटोकॉल और टूल का एक सेट है। सामान्य शब्दों में यह विभिन्न सॉफ्टवेयर घटकों के बीच संचार के स्पष्ट रूप से परिभाषित तरीकों का एक समूह है। एक अच्छा एपीआई उन सभी बिल्डिंग ब्लॉक्स को प्रदान करके कंप्यूटर प्रोग्राम को विकसित करना आसान बनाता है जिन्हें प्रोग्रामर द्वारा एक साथ रखा जाता है।एक एपीआई एक वेब आधारित प्रणाली, डेटा आधारित प्रणाली, कंप्यूटर हार्डवेयर या सॉफ्टवेयर लाइब्रेरी के लिए हो सकता है। एपीआई विनिर्देश कई रूप ले सकता है लेकिन अक्सर रूटीन डेटा संरचना, ऑब्जेक्ट क्लास, चर या दूरस्थ कॉल के लिए विनिर्देश शामिल करता है। POSIX, विंडोज़, एपीआई और एएसपीआई एपीआई के विभिन्न रूपों के उदाहरण हैं। एपीआई के लिए दस्तावेज़ीकरण आमतौर पर उपयोग और पुन: कार्यान्वयन की सुविधा के लिए प्रदान किया जाता है।

- दूरस्थ एपीआई, वेब-आधारित एपीआई – HTTP, एक्सएमएल (एक्सटेंसिबल मार्क अप लैंग्वेज) JSON (जावा स्क्रिप्ट ऑब्जेक्ट नोटेशन), SOAP (सिंपल ऑब्जेक्ट एक्सेस प्रोटोकॉल), SOA (सर्विस ओरिएंटेड आर्किटेक्चर), ROA (रिसोर्स ओरिएंटेड आर्किटेक्चर), REST (रिप्रेजेंटेटिव स्टेट ट्रांसफर) ।

- निजी एपीआई और सार्वजनिक एपीआई

- स्काडा (SCADA) के कुछ प्रमुख घटक दूरस्थ टर्मिनल इकाइयाँ (RTUs), मल्टीफ़ंक्शन ट्रांसड्यूसर (MFTs), लोकल डेटा मॉनिटरिंग सिस्टम (LDMSs), हैवी ड्यूटी रिलेज़ (HDRs), कॉन्टैक्ट मल्टीप्लिंग रिले (CMRs), असिस्टेंट पावर सप्लाई सिस्टम, यूपीएस (UPSs) और हैं प्रत्यक्ष वर्तमान (डीसी) बिजली प्रणाली ।

- आरटीयू माइक्रोप्रोसेसर आधारित इलेक्ट्रॉनिक उपकरण हैं जो स्काडा (SCADA) नियंत्रण और क्षेत्र उपकरण के बीच एक इंटरफेस प्रदान करते हैं। वे एमएफटी से डेटा प्राप्त करते हैं और इसे नियंत्रण केंद्र तक पहुंचाते हैं। आरटीयू डिजिटल कमांडों को प्राप्त और संसाधित करता है, जिसमें ब्रेकर ऑन / ऑफ और रिले रीसेट सिग्नल शामिल हैं। आरटीयू IEC60870 - 5 -101 / 104 / MODBUS प्रोटोकॉल के साथ डेटा कंसंटेटर के रूप में भी दोगुना हो सकता है।

- एमएफटी (MFT - Multi - Function Transducers) -

- एमएफटी इनपुट पैमाइश उपकरण या ट्रांसफार्मर से लिया जाता है, जिसके बाद एनालॉग सिग्नल संसाधित होते हैं और मास्टर कंट्रोल यूनिट को भेजते हैं। एमएफटी डेटा एकत्र करता है और फेज–टू-न्यूट्रल वोल्टेज, फेज–टू-फेज वोल्टेज, तीन-फेज वर्तमान की गणना करता है। सक्रिय शक्ति, स्पष्ट शक्ति, शक्ति कारक और आवृत्ति, आदि।

- एलडीएमएस (LDMS - Local Data Monitoring System) -

- एलडीएमएस एक मानव मशीन इंटरफेस (एचएमआई) है जो सबस्टेशन ऑपरेटर को संसाधित डेटा प्रस्तुत करता है। एचएमआई (HMI) आम तौर पर स्काडा (SCADA) सिस्टम के डेटाबेस और सॉफ्टवेयर प्रोग्राम से जुड़ी होती है जो ट्रेंड और मैनेजमेंट की जानकारी और डायग्नोस्टिक डेटा प्रदान करता है।

- सीएमआर (CMR – Current Monitoring Relay) -

- सीएमआर (CMR) का उपयोग सर्किट ब्रेकरों की ऑन / ऑफ स्थिति, आइसोलेटर्स की करीबी / खुली स्थिति, स्प्रिंग्स की चार्ज / डिस्चार्ज स्थिति आदि के लिए किया जाता है। इस बीच, एचडीआर को आरटीयू / नियंत्रण केंद्र से कुछ उपकरणों के संचालन के लिए उच्च धारा खींचने के लिए संचालित किया जाता है।

- एफपीआई (FPI – Fault Passage Indicator) -

- फॉल्ट पैसेज इंडिकेटर (FPI) एक ऐसा उपकरण है जो तत्कालीन पॉवर सिस्टम में किसी भी फॉल्ट पर दृश्य जानकारी प्रदान करता है। स्काडा (SCADA) में, एफपीआई (FPI) को पोल-माउंटेड आरटीयू (RTU) के माध्यम से नियंत्रण केंद्र के साथ एकीकृत किया जाता है ताकि वितरण केंद्रों जैसे उपकरण की वास्तविक समय स्थिति नियंत्रण केंद्र पर उपलब्ध हो। इस बीच, रिंग मुख्य इकाई (आरएमयू) 33 केवी या 11 केवी लाइन के लिए मिनी सबस्टेशन के रूप में कार्य करती है जो लाइन के दोषपूर्ण खंड को अलग करती है और अन्य फीडर से आपूर्ति बढ़ाकर शेष खंड को बहाल करती है।

- स्काडा (SCADA) ने सभी 33/11 केवी सबस्टेशनों की वास्तविक समय की निगरानी को सक्षम किया है। डीसी वोल्टेज, फीडर और ट्रांसफॉर्मर के वर्तमान लोड, सबस्टेशन बिजली की आपूर्ति की स्थिति, ब्रेकर की स्थिति और सबस्टेशन के स्प्रिंग चार्ज की स्थिति जैसे मापदंडों को उपयोगिता द्वारा आसानी से मॉनिटर किया जा सकता है। ब्रेकर फ़ंक्शंस और रिले रीसेट सहित सभी सबस्टेशन संचालन अब स्काडा (SCADA) नियंत्रण केंद्र से किए जा रहे हैं।

- स्काडा फायदे -

- स्काडा (SCADA) समस्याओं का जल्द पता लगाने में मदद करता है और इसलिए उपकरण विफलता से पहले समस्या का समाधान करता है। इसने दैनिक फीडर आउटेज और ट्रिपिंग रिपोर्ट की पीढ़ी के माध्यम से फीडरों की अधिक से अधिक संख्या के साथ फीडरों की पहचान करने में उपयोगिता की मदद की है। इसके परिणामस्वरूप बेहतर रखरखाव होता है और घंटों बिजली की आपूर्ति बढ़ जाती है।

- इसके अलावा, विद्युत नेटवर्क में स्थापित सभी वैक्यूम सर्किट ब्रेकर एक पूर्वनिर्धारित संख्या के संचालन के बाद एक अलार्म फ्लैश करते हैं ताकि समय पर रखरखाव किया जा सके। यह ब्रेकरों के निवारक रखरखाव को सक्षम करता है और विद्युत नेटवर्क में उपकरणों के जीवन को बढ़ाता है।

- सिस्टम अनुप्रयोगों की सहायता से, वोल्टेज और पावर फैक्टर के संदर्भ में बिजली की बेहतर गुणवत्ता के लिए सबस्टेशन पर प्रतिक्रियाशील शक्ति को नियंत्रित किया जा सकता है। साथ ही, लोड प्राथमिकता वाले लोड शेडिंग गतिविधियों की योजना बनाई और संचालित की जा सकती है।

- इसके अलावा, रिले डेटा से, उपयोगिता फीडरों में दोषों का विश्लेषण कर सकती है और ट्रिपिंग को कम कर सकती है। इसके अलावा, स्काडा (SCADA) ऑपरेटर गलती की प्रकृति का निर्धारण कर सकते हैं और इसे सुधारने के लिए सुधारात्मक कार्रवाई कर सकते हैं। यह बिजली ट्रांसफार्मर और सबस्टेशन में अन्य महत्वपूर्ण उपकरणों के जीवन को बढ़ाने में मदद करता है।

- इसके अलावा, उपयोगिता वृद्धि की आवश्यकताओं का विश्लेषण करने और लोड पूर्वानुमान का कार्य करने के लिए सबस्टेशन से टेलीमेट्री डेटा प्राप्त करती है। विभिन्न अलार्म ट्रांसफार्मर की बेहतर निगरानी के लिए स्काडा (SCADA) प्रणाली में कॉन्फ़िगर किए जाते हैं, 33 केवी फीडर और 11 केवी जो आउटेज को रोकने में मदद करता है। इसके अलावा, प्रबंधन द्वारा समीक्षा के लिए सभी सबस्टेशनों के लिए ऊर्जा रिपोर्ट तैयार की जा सकती है।

4

स्काडा इलेक्ट्रिकल (SCADA ELECTRICAL)

स्काडा इलेक्ट्रिकल (SCADA ELECTRICAL)

स्काडा (SCADA) (पर्यवेक्षी नियंत्रण और डेटा अधिग्रहण के लिए एक संक्षिप्त नाम) एक नियंत्रण प्रणाली वास्तुकला है जिसमें मशीनों और प्रक्रियाओं के उच्च -स्तरीय पर्यवेक्षण के लिए कम्प्यूटर, नेटवर्क डेटा संचार और ग्राफिकल यूज़र इंटरफ़ेस शामिल हैं । इसमें सेंसर और अन्य डिवाइस भी शामिल हैं, जैसे प्रोग्रामेबल लॉजिक कंट्रोलर, जो प्रोसेस प्लांट या मशीनरी के साथ इंटरफेस करते हैं।

ऑपरेटर इंटरफेस जो मॉनिटरिंग और प्रक्रिया कमांड जारी करने में सक्षम होते हैं, जैसे कि नियंत्रक सेट पॉइंट परिवर्तन, स्काडा (SCADA) कम्प्यूटर सिस्टम के माध्यम से नियंत्रित किये जाते हैं । अधीनस्थ संचालन, जैसे कि वास्तविक समय नियंत्रण तर्क या नियंत्रक गणना, क्षेत्र सेंसर और एक्टएयूटर्स से जुड़े नेटवर्क मॉड्यूल द्वारा किए जाते हैं ।

स्काडा (SCADA) अवधारणा को विभिन्न स्थानीय नियंत्रण मॉड्यूल तक दूरस्थ पहुँच के सार्वभौमिक साधन के रूप में विकसित किया गया था, जो विभिन्न निर्माताओं से हो सकते हैं और मानक स्वचालन प्रोटोकॉल के माध्यम से पहुँच की अनुमति देते हैं । व्यवहार में, बड़े स्काडा (SCADA) सिस्टम कार्य में वितरित नियंत्रण प्रणालियों के समान हो गए हैं, जबकि संयंत्र के साथ इंटरफेसिंग के कई साधनों का उपयोग करते हैं। वे बड़े पैमाने की प्रक्रियाओं को नियंत्रित कर सकते हैं जो कई साइटों तक फैल सकती हैं, और बड़ी दूरी पर काम कर सकती हैं। यह औद्योगिक नियंत्रण प्रणालियों के सबसे अधिक इस्तेमाल किए जाने वाले प्रकारों में से एक है ।

नियंत्रण संचालन

विनिर्माण नियंत्रण संचालन के कार्यात्मक स्तर

स्काडा (SCADA) प्रणाली की मुख्य विशेषता इसकी अन्य अनेक स्वामित्वयुक्त उपकरणों पर पर्यवेक्षी प्रचालन करने की क्षमता है।

- स्तर 0 में प्रवाह और तापमान सेंसर जैसे क्षेत्र उपकरण और नियंत्रण वाल्व जैसे अंतिम नियंत्रण तत्व शामिल होते हैं ।
- स्तर 1 में औद्योगिक इनपुट/आउटपुट (I/O) मॉड्यूल और उनसे संबंधित वितरित इलेक्ट्रॉनिक प्रोसेसर शामिल हैं।
- स्तर 2 में पर्यवेक्षी कंप्यूटर होते हैं, जो सिस्टम पर प्रोसेसर नोड्स से जानकारी एकत्रित करते हैं, और ऑपरेटर को नियंत्रण स्क्रीन प्रदान करते हैं।
- स्तर 3 उत्पादन नियंत्रण स्तर है, जो सीधे तौर पर प्रक्रिया को नियंत्रित नहीं करता है, बल्कि उत्पादन और लक्ष्यों की निगरानी से संबंधित है।
- स्तर 4 उत्पादन शेड्यूलिंग स्तर है।

स्तर 1 में प्रोग्रामेबल लॉजिक कंट्रोलर (पीएलसी) या रिमोट टर्मिनल यूनिट (आरटीयू) शामिल होते हैं।

लेवल 2 में स्काडा (SCADA) से रीडिंग और उपकरण स्थिति रिपोर्ट शामिल हैं जिन्हें आवश्यकतानुसार लेवल 2 स्काडा (SCADA) को सूचित किया जाता है। फिर डेटा को इस तरह संकलित और स्वरूपित किया जाता है कि मानव मशीन इंटरफ़ेस (HMI) का उपयोग करने वाला एक नियंत्रण कक्ष ऑपरेटर सामान्य आरटीयू (RTU) (PLC) नियंत्रणों को समायोजित या ओवर राइड करने के लिए पर्यवेक्षी निर्णय ले सकता है। डेटा को इतिहासकार को भी खिलाया जा सकता है, जिसे अक्सर कमोडिटी डेटाबेस प्रबंधन प्रणाली पर बनाया जाता है, ताकि ट्रेंडिंग और अन्य विश्लेषणात्मक ऑडिटिंग की अनुमति मिल सके।

स्काडा (SCADA) सिस्टम आम तौर पर एक *टैग डेटाबेस का उपयोग करते हैं, जिसमेंटैग* या *पॉइंट* नामक डेटा तत्व होते हैं, जो प्रक्रिया प्रणाली के भीतर विशिष्ट इंस्ट्रूमेंटेशन या एक्ट्यूएटर्स से संबंधित होते हैं। इन अद्वितीय प्रक्रिया नियंत्रण उपकरण टैग संदर्भों के विरुद्ध डेटा संचित किया जाता है।

अवयव

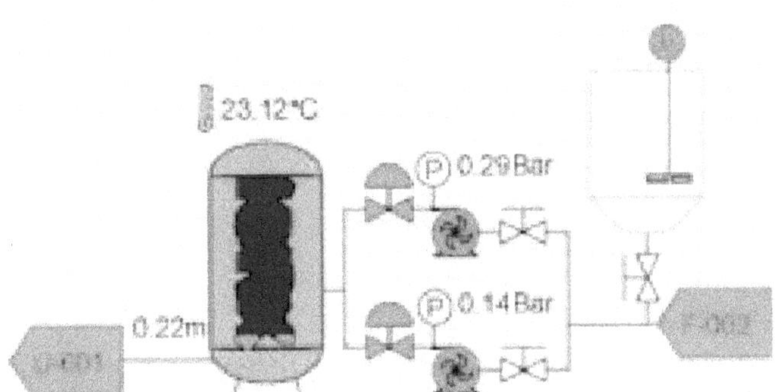

अवयव

विशिष्ट स्काडा (SCADA) नकल को एनीमेशन के रूप में दिखाया गया है। प्रक्रिया संयंत्रों के लिए, ये पाइपिंग और इन्स्ट्रूमेंटेशन आरेख पर आधारित हैं। चार बैच कुकरों का नियंत्रण दिखाने वाला अधिक जटिल स्काडा (SCADA) एनीमेशन।

एक स्काडा (SCADA) प्रणाली में आमतौर पर निम्नलिखित मुख्य तत्व शामिल होते हैं:

पर्यवेक्षी कंप्यूटर

यह स्काडा (SCADA) सिस्टम का मुख्य भाग है, जो प्रक्रिया पर डेटा एकत्र करता है और फ़ील्ड से जुड़े उपकरणों को नियंत्रण आदेश भेजता है। यह फ़ील्ड कनेक्शन नियंत्रकों, जो आरटीयू (RTU) और पीएलसी (PLC) हैं, के साथ संचार करने के लिए जिम्मेदार कंप्यूटर और सॉफ़्टवेयर को संदर्भित करता है, और इसमें ऑपरेटर वर्कस्टेशन पर चलने वाला एचएमआई (HMI) सॉफ़्टवेयर शामिल है। छोटे स्काडा (SCADA) सिस्टम में, पर्यवेक्षी कंप्यूटर एक एकल पीसी (PC) से बना हो सकता है, जिस स्थिति में एचएमआई (HMI) इस कंप्यूटर का एक हिस्सा होता है। बड़े स्काडा (SCADA) सिस्टम में, मास्टर

स्टेशन में क्लाइंट कंप्यूटर पर होस्ट किए गए कई एचएमआई (HMI), डेटा अधिग्रहण के लिए कई सर्वर, वितरित सॉफ्टवेयर एप्लिकेशन और आपदा रिकवरी साइट शामिल हो सकते हैं। सिस्टम की अखंडता को बढ़ाने के लिए कई सर्वरों को अक्सर दोहरे - अतिरिक्त या हॉट-स्टैंडबाय संरचना में कॉन्फ़िगर किया जाएगा जो सर्वर की खराबी या ब्रेकडाउन की स्थिति में निरंतर नियंत्रण और निगरानी प्रदान करता है।

रिमोट टर्मिनल इकाईयां

आरटीयू (RTU) प्रक्रिया में सेंसर और एक्ट्यूएटर्स से जुड़ते हैं, और पर्यवेक्षी कंप्यूटर सिस्टम से जुड़े होते हैं। आरटीयू में एम्बेडेड नियंत्रण क्षमताएं होती हैं और अक्सर लैडर लॉजिक, फंक्शन ब्लॉक डायग्राम या कई अन्य भाषाओं के माध्यम से प्रोग्रामिंग और समर्थन स्वचालन के लिए आईईसी 61131-3 मानक के अनुरूप होते हैं। दूरस्थ स्थानों में अक्सर बहुत कम या कोई स्थानीय बुनियादी ढांचा नहीं होता है, इसलिए आरटीयू को एक छोटे सौर ऊर्जा सिस्टम से चलाना, संचार के लिए रेडियो, जीएसएम या उपग्रह का उपयोग करना और बाहरी हीटिंग या कूलिंग उपकरण के बिना -20C से +70C या यहाँ तक कि -40C से +85C तक जीवित रहने के लिए मज़बूत होना असामान्य नहीं है।

प्रोग्रामेबल लॉजिक नियंत्रक

प्रक्रिया में पीएलसी सेंसर और एक्ट्यूएटर्स से जुड़े होते हैं, और पर्यवेक्षी प्रणाली से जुड़े होते हैं। फैक्ट्री ऑटोमेशन में, पीएलसी में आमतौर पर स्काडा (SCADA) सिस्टम से हाई स्पीड कनेक्शन होता है। दूरस्थ अनुप्रयोगों में, जैसे कि एक बड़ा जल उपचार संयंत्र, पीएलसी वायरलेस लिंक पर सीधे स्काडा (SCADA) से जुड़ सकते हैं, या अधिक सामान्यतः, संचार प्रबंधन के लिए आरटीयू (RTU) का उपयोग कर सकते हैं। पीएलसी (PLC) विशेष रूप से नियंत्रण के लिए डिज़ाइन किए गए हैं और आईईसी (IEC 61131-3) प्रोग्रामिंग भाषाओं के लिए संस्थापक प्लेटफॉर्म थे। आर्थिक कारणों से, पीएलसी (PLC) का उपयोग अक्सर उन दूरस्थ साइटों के लिए किया जाता है जहाँ अकेले आरटीयू (RTU) का उपयोग करने के बजाय बड़ी आई/ओ (I/O) गिनती होती है।

संचार अवसंरचना

यह पर्यवेक्षी कंप्यूटर सिस्टम को आरटीयू (RTU) और पीएलसी (PLC) से जोड़ता है, और उद्योग मानक या निर्माता स्वामित्व प्रोटोकॉल का उपयोग कर सकता है। आरटीयू (RTU) और पीएलसी (PLC) दोनों ही प्रक्रिया के लगभग वास्तविक समय नियंत्रण पर स्वायत्त रूप से संचालित होते हैं, पर्यवेक्षी प्रणाली से दिए गए अंतिम आदेश का उपयोग करते हुए। संचार नेटवर्क की विफलता जरूरी नहीं कि संयंत्र प्रक्रिया नियंत्रण को रोक दे, और संचार के फिर से शुरू होने पर, ऑपरेटर निगरानी और नियंत्रण जारी रख सकता है। कुछ महत्वपूर्ण प्रणालियों में दोहरे निरर्थक डेटा राजमार्ग होंगे, जिन्हें अक्सर विभिन्न मार्गों के माध्यम से केबल किया जाता है।

एचएमआई(HMI– Human Machine Interface)मानव मशीन इंटरफेस

एचएमआई (HMI) पर्यवेक्षी प्रणाली की ऑपरेटर विंडो है। यह संयंत्र की जानकारी को संचालन कर्मियों को मिमिक आरेखों के रूप में ग्राफिक रूप से प्रस्तुत करता है, जो नियंत्रित किए जा रहे संयंत्र का एक योजनाबद्ध प्रतिनिधित्व है, और अलार्म और ईवेंट लॉगिंग पृष्ठ हैं। एचएमआई (HMI) को मिमिक आरेखों, अलार्म डिस्प्ले और ट्रेंडिंग ग्राफ़ को चलाने के लिए लाइव डेटा प्रदान करने के लिए स्काडा (SCADA) पर्यवेक्षी कंप्यूटर से जोड़ा गया है। कई प्रतिष्ठानों में एचएमआई (HMI) ऑपरेटर के लिए ग्राफिकल यूज़र इंटरफ़ेस है, बाहरी उपकरणों से सभी डेटा एकत्र करता है, रिपोर्ट बनाता है, अलार्मिंग करता है, सूचनाएँ भेजता है, आदि। मिमिक आरेखों में प्रक्रिया तत्वों का प्रतिनिधित्व करने के लिए लाइन ग्राफ़िक्स और योजनाबद्ध प्रतीक होते हैं, या इसमें एनिमेटेड प्रतीकों के साथ प्रक्रिया उपकरण की डिजिटल तस्वीरें शामिल हो सकती हैं। संयंत्र का पर्यवेक्षी संचालन एचएमआई (HMI) के माध्यम से होता है, जिसमें ऑपरेटर माउस पॉइंटर्स, कीबोर्ड और टच स्क्रीन का उपयोग करके आदेश जारी करते हैं। उदाहरण के लिए, पंप का प्रतीक ऑपरेटर को दिखा सकता है कि पंप चल रहा है, और फ्लो मीटर प्रतीक दिखा सकता है कि यह पाइप के माध्यम से कितना तरल पदार्थ पंप कर रहा है। ऑपरेटर माउस क्लिक या स्क्रीन टच द्वारा पंप को मिमिक से बंद कर सकता है। एचएमआई (HMI) वास्तविक समय में पाइप में द्रव की प्रवाह दर में कमी दिखाएगा। एक स्काडा (SCADA) सिस्टम के लिए एचएमआई (HMI) पैकेज में आम तौर पर एक ड्राइंग प्रोग्राम शामिल होता है जिसका उपयोग ऑपरेटर या सिस्टम रखरखाव कर्मी इंटरफ़ेस में इन बिंदुओं को दर्शाने के तरीके को बदलने के लिए करते हैं। ये प्रतिनिधित्व एक ऑन-स्क्रीन ट्रैफ़िक लाइट जितना सरल हो सकता है, जो क्षेत्र में एक वास्तविक ट्रैफ़िक लाइट की स्थिति का प्रतिनिधित्व करता है, या एक मल्टी-प्रोजेक्टर डिस्प्ले जितना जटिल हो सकता है जो एक गगनचुंबी इमारत में सभी लिफ्टों या रेलवे पर सभी ट्रेनों की स्थिति का प्रतिनिधित्व करता है। एक *इतिहासकार* एचएमआई (HMI) के भीतर एक सॉफ्टवेयर सेवा है जो डेटाबेस में समय-मुद्रित डेटा, घटनाओं और अलार्म को जमा करता है जिसे क्वेरी किया जा सकता है या एचएमआई (HMI) में ग्राफिक रुझानों को पॉप्युलेट करने के लिए उपयोग किया जा सकता है। इतिहासकार एक क्लाइंट है जो डेटा अधिग्रहण सर्वर से डेटा का अनुरोध करता है।

अलार्म प्रबंधन

अलार्म प्रबंधन

अधिकांश स्काडा (SCADA) कार्यान्वयन का एक महत्वपूर्ण हिस्सा अलार्म हैंडलिंग है । सिस्टम यह निगरानी करता है कि क्या कुछ अलार्म स्थितियाँ संतुष्ट हैं, ताकि यह निर्धारित किया जा सके कि अलार्म घटना कब घटित हुई है। एक बार अलार्म घटना का पता लगने के बाद, एक या अधिक क्रियाएँ की जाती हैं (जैसे कि एक या अधिक अलार्म संकेतकों को सक्रिय करना, और शायद ईमेल या पाठ संदेश उत्पन्न करना ताकि प्रबंधन या दूरस्थ स्काडा (SCADA) ऑपरेटरों को सूचित किया जा सके)। कई मामलों में, स्काडा (SCADA)

ऑपरेटर को अलार्म घटना को स्वीकार करना पड़ सकता है; यह कुछ अलार्म संकेतकों को निष्क्रिय कर सकता है, जबकि अन्य संकेतक तब तक सक्रिय रहते हैं जब तक कि अलार्म स्थितियाँ साफ़ नहीं हो जातीं।

अलार्म स्थितियां स्पष्ट हो सकती हैं - उदाहरण के लिए, अलार्म बिंदु एक डिजिटल स्थिति बिंदु है, जिसका मान नार्मल (NORMAL) या अलार्म (ALARM) होता है, जिसकी गणना अन्य एनालॉग और डिजिटल बिंदुओं के मानों के आधार पर एक सूत्र द्वारा की जाती है - या अंतर्निहितः स्काडा (SCADA) प्रणाली स्वचालित रूप से निगरानी कर सकती है कि एनालॉग बिंदु का मान उस बिंदु से संबद्ध उच्च और निम्न-सीमा मानों से बाहर है या नहीं।

अलार्म संकेतकों के उदाहरणों में सायरन, स्क्रीन पर पॉप-अप बॉक्स, या स्क्रीन पर रंगीन या चमकता हुआ क्षेत्र (जो कार में "ईंधन टैंक खाली" प्रकाश के समान कार्य कर सकता है) शामिल हैं; प्रत्येक मामले में, अलार्म संकेतक की भूमिका ऑपरेटर का ध्यान सिस्टम के 'अलार्म में' भाग की ओर आकर्षित करना है, ताकि उचित कार्रवाई की जा सके।

पीएलसी(PLC)/आरटीयू (RTU) प्रोग्रामिंग

"स्मार्ट" (RTU) या मानक (PLC), पर्यवेक्षी कंप्यूटर को शामिल किए बिना सरल तर्क प्रक्रियाओं को स्वायत्त रूप से निष्पादित करने में सक्षम हैं। वे मानकीकृत नियंत्रण प्रोग्रामिंग भाषाओं (जैसे कि आईईसी (IEC 61131-3) के अंतर्गत, फ़ंक्शन ब्लॉक, लैडर, संरचित पाठ, अनुक्रम फ़ंक्शन चार्ट और निर्देश सूची सहित पाँच प्रोग्रामिंग भाषाओं का एक समूह) का उपयोग करते हैं, जिनका उपयोग अक्सर ऐसे प्रोग्राम बनाने के लिए किया जाता है जो इन आरटीयू (RTU) और पीएलसी (PLC) पर चलते हैं। सी (C) या फ़ोर्ट्रान (FORTRAN) जैसी प्रक्रियात्मक भाषा के विपरीत, आईईसी (IEC 61131-3) में ऐतिहासिक भौतिक नियंत्रण सरणियों के समान होने के कारण न्यूनतम प्रशिक्षण आवश्यकताएँ हैं। यह स्काडा (SCADA) सिस्टम इंजीनियरों को आरटीयू (RTU) या पीएलसी (PLC) पर निष्पादित किए जाने वाले प्रोग्राम का डिज़ाइन और कार्यान्वयन दोनों करने की अनुमति देता है।

प्रोग्रामेबल ऑटोमेशन कंट्रोलर (PAC) एक कॉम्पैक्ट कंट्रोलर है जो पीसी (PC) -आधारित नियंत्रण प्रणाली की विशेषताओं और क्षमताओं को एक सामान्य पीएलसी (PLC) के साथ जोड़ता है। आरटीयू (RTU) और पीएलसी (PLC) फ़ंक्शन प्रदान करने के लिए स्काडा (SCADA) सिस्टम में पीएसी (PAC) को तैनात किया जाता है। कई इलेक्ट्रिकल सब स्टेशन स्काडा (SCADA) अनुप्रयोगों में, "वितरित आरटीयू (TRU)" डिजिटल सुरक्षात्मक रिले, पीएसी (PAC) और आई/ओ (I/O) के लिए अन्य उपकरणों के साथ संचार करने के लिए सूचना प्रोसेसर या स्टेशन कंप्यूटर का उपयोग करते हैं, और पारंपरिक आरटीयू (RTU) के बदले स्काडा (SCADA) मास्टर के साथ संचार करते हैं।

पीएलसी (PLC) वाणिज्यिक एकीकरण

लगभग 1998 से, लगभग सभी प्रमुख पीएलसी (PLC) निर्माताओं ने एकीकृत एचएमआई (HMI)/स्काडा (SCADA) सिस्टम की पेशकश की है, उनमें से कई खुले और गैर-स्वामित्व वाले संचार प्रोटोकॉल का उपयोग करते हैं। कई विशेष तृतीय-पक्ष एचएमआई (HMI)/स्काडा (SCADA) पैकेज, जो अधिकांश प्रमुख पीएलसी (PLC) के साथ अंतर्निहित संगतता प्रदान करते हैं, ने भी बाजार में प्रवेश किया है, जिससे मैकेनिकल इंजीनियरों, इलेक्ट्रिकल इंजीनियरों और तकनीशियनों को सॉफ़्टवेयर प्रोग्रामर द्वारा लिखे गए कस्टम-मेड प्रोग्राम की आवश्यकता के बिना, एचएमआई (HMI) को स्वयं कॉन्फ़िगर करने की अनुमति मिलती है। रिमोट टर्मिनल यूनिट (RTU) भौतिक उपकरणों से जुड़ता है। आम तौर पर, एक आरटीयू (RTU) उपकरण से विद्युत संकेतों को डिजिटल मानों में परिवर्तित करता है। इन विद्युत संकेतों को उपकरणों में परिवर्तित करके और भेजकर आरटीयू (RTU) उपकरणों को नियंत्रित कर सकता है।

संचार अवसंरचना और विधियाँ

स्काडा (SCADA) सिस्टम ने पारंपरिक रूप से रेडियो और सीधे वायर्ड कनेक्शन के संयोजन का उपयोग किया है, हालांकि SONET/SDH का उपयोग अक्सर रेलवे और पावर स्टेशनों जैसे बड़े सिस्टम के लिए भी किया जाता है। स्काडा (SCADA) सिस्टम के रिमोट मैनेजमेंट या मॉनिटरिंग फ़ंक्शन को अक्सर टेलीमेट्री के रूप में संदर्भित किया जाता है। कुछ उपयोगकर्ता चाहते हैं कि स्काडा (SCADA) डेटा उनके पहले से स्थापित कॉर्पोरेट नेटवर्क पर यात्रा करे या नेटवर्क को अन्य अनुप्रयोगों के साथ साझा करे। हालाँकि, शुरुआती कम-बैंडविड्थ प्रोटोकॉल की विरासत बनी हुई है।

स्काडा (SCADA) प्रोटोकॉल बहुत कॉम्पैक्ट होने के लिए डिज़ाइन किए गए हैं। कई को केवल तभी जानकारी भेजने के लिए डिज़ाइन किया गया है जब मास्टर स्टेशन RTU को पोल करता है। विशिष्ट विरासत स्काडा (SCADA) प्रोटोकॉल में Modbus RTU, RP-570, Profibus और Conitel शामिल हैं। ये संचार प्रोटोकॉल, Modbus के अपवाद के साथ (Modbus को Schneider Electric द्वारा खुला किया गया है), सभी स्काडा (SCADA) विक्रेता विशिष्ट हैं, लेकिन व्यापक रूप से अपनाए और उपयोग किए जाते हैं। मानक प्रोटोकॉल IEC 60870-5-101 या 104, IEC 61850 और DNP3 हैं। ये संचार प्रोटोकॉल सभी प्रमुख स्काडा (SCADA) विक्रेताओं द्वारा मानकीकृत और मान्यता प्राप्त हैं। इनमें से कई प्रोटोकॉल में अब टीसीपी (TCP)/आईपी (IP) पर काम करने के लिए एक्सटेंशन शामिल हैं। हालांकि पारंपरिक नेटवर्किंग विनिर्देशों का उपयोग, जैसे टीसीपी (TCP)/आईपी (IP), पारंपरिक और औद्योगिक नेटवर्किंग के बीच की रेखा को धुंधला कर देता।

बढ़ती सुरक्षा मांगों (जैसे कि उत्तरी अमेरिकी इलेक्ट्रिक विश्वसनीयता निगम (NERC) और अमेरिका में महत्वपूर्ण बुनियादी ढांचे की सुरक्षा (CIP)) के साथ, उपग्रह-आधारित संचार का उपयोग बढ़ रहा है। इसके मुख्य लाभ यह हैं कि बुनियादी ढांचा स्व-निहित

हो सकता है (सार्वजनिक टेलीफोन प्रणाली से सर्किट का उपयोग नहीं करना), इसमें अंतर्निहित एन्क्रिप्शन हो सकता है, और इसे स्काडा (SCADA) सिस्टम ऑपरेटर द्वारा आवश्यक उपलब्धता और विश्वसनीयता के लिए इंजीनियर किया जा सकता है। उपभोक्ता-ग्रेड वीएसएटी (VAST) का उपयोग करने के पहले के अनुभव खराब थे। आधुनिक वाहक-श्रेणी प्रणाली स्काडा (SCADA) के लिए आवश्यक सेवा की गुणवत्ता प्रदान करती है।

आरटीयू (RTU) और अन्य स्वचालित नियंत्रक उपकरण अंतर-संचालन के लिए उद्योग-व्यापी मानकों के आगमन से पहले विकसित किए गए थे। इसका परिणाम यह हुआ कि डेवलपर्स और उनके प्रबंधन ने कई नियंत्रण प्रोटोकॉल बनाए। बड़े विक्रेताओं के बीच, अपने ग्राहक आधार को "लॉक इन" करने के लिए अपना स्वयं का प्रोटोकॉल बनाने का प्रोत्साहन भी था। स्वचालन प्रोटोकॉल की एक सूची यहाँ संकलित की गई है।

स्वचालन प्रोटोकॉल को मानकीकृत करने के लिए विक्रेता समूहों द्वारा किए गए प्रयासों का एक उदाहरण OPC-UA (पूर्व में "प्रक्रिया नियंत्रण के लिए OLE" अब ओपन प्लेट फॉर्म कम्युनिकेशंस यूनिफाइड आर्किटेक्चर) है।

वास्तुकला विकास

संयुक्तराज्य अमेरिका की सेना के प्रशिक्षण मैनुअल 5-601 में " C4ISR सुविधाओं के लिए स्काडा (SCADA) सिस्टम" को शामिल किया गया है

स्काडा (SCADA) प्रणालियाँ चार पीढ़ियों के माध्यम से विकसित हुई हैं:

प्रारंभिक स्काडा (SCADA) सिस्टम कंप्यूटिंग बड़े मिनीकम्प्यूटर द्वारा की गई थी । स्काडा (SCADA) के विकसित होने के समय सामान्य नेटवर्क सेवाएँ मौजूद नहीं थीं। इस प्रकार स्काडा (SCADA) सिस्टम स्वतंत्र सिस्टम थे जिनका अन्य सिस्टम से कोई संपर्क नहीं था। उस समय उपयोग किए जाने वाले संचार प्रोटोकॉल पूरी तरह से मालिकाना थे। पहली पीढ़ी के स्काडा (SCADA) सिस्टम अतिरेक को सभी रिमोट टर्मिनल यूनिट साइटों से जुड़े बैक-अप मेनफ्रेम सिस्टम का उपयोग करके प्राप्त किया गया था और प्राथमिक मेनफ्रेम सिस्टम की विफलता की स्थिति में इसका उपयोग किया गया था। कुछ पहली पीढ़ी के स्काडा (SCADA) सिस्टम को "टर्न की " ऑपरेशन के रूप में विकसित किया गया था जो PDP- 11 श्रृंखला जैसे मिनीकंप्यूटर पर चलते थे ।

स्काडा (SCADA) सूचना और कमांड प्रोसेसिंग को कई स्टेशनों में वितरित किया गया था जो एलएएन (LAN) के माध्यम से जुड़े हुए थे। सूचना लगभग वास्तविक समय में साझा की गई थी। प्रत्येक स्टेशन एक विशेष कार्य के लिए जिम्मेदार था, जिससे पहली पीढ़ी के स्काडा (SCADA) की तुलना में लागत कम हो गई। उपयोग किए जाने वाले नेटवर्क प्रोटोकॉल अभी भी मानकीकृत नहीं थे। चूंकि ये प्रोटोकॉल मालिकाना थे, इसलिए डेवलपर्स के अलावा बहुत कम लोग यह निर्धारित करने के लिए पर्याप्त जानते थे कि स्काडा (SCADA) इंस्टॉलेशन कितना सुरक्षित था। स्काडा (SCADA) इंस्टॉलेशन की सुरक्षा को

आमतौर पर अनदेखा किया जाता था।

वितरित आर्किटेक्चर की तरह, किसी भी जटिल स्काडा (SCADA) को सरलतम घटकों में घटाया जा सकता है और संचार प्रोटोकॉल के माध्यम से जोड़ा जा सकता है। नेटवर्क डिज़ाइन के मामले में, सिस्टम को एक से अधिक एलएएन (LAN) नेटवर्क में फैलाया जा सकता है जिसे प्रोसेस कंट्रोल नेटवर्क (PCN) कहा जाता है और भौगोलिक रूप से अलग किया जाता है। एक ही पर्यवेक्षक और इतिहासकार के साथ समानांतर रूप से चलने वाले कई वितरित आर्किटेक्चर स्काडा (SCADA) को नेटवर्क आर्किटेक्चर माना जा सकता है। यह बहुत बड़े पैमाने के सिस्टम में अधिक लागत प्रभावी समाधान की अनुमति देता है।

इंटरनेट के विकास ने स्काडा (SCADA) प्रणालियों को वेब प्रौद्योगिकियों को लागू करने के लिए प्रेरित किया है, जिससे उपयोगकर्ता वेब सॉकेट कनेक्शन के माध्यम से दुनिया में कहीं से भी डेटा देख सकते हैं, सूचना का आदान-प्रदान कर सकते हैं और प्रक्रियाओं को नियंत्रित कर सकते हैं। 2000 के दशक की शुरुआत में वेब स्काडा (SCADA) प्रणालियों का प्रसार हुआ। वेब स्काडा (SCADA) प्रणालियाँ ऑपरेटर के एचएमआई (HMI) के लिए ग्राफ़िकल यूज़र इंटरफ़ेस (GUI) के रूप में गूगल क्रोम (Google Chrome) और मोजिल्ला फायरफॉक्स (Mozilla Firefox) जैसे वेब ब्राउज़र का उपयोग करती हैं। यह क्लाइंट साइड इंस्टॉलेशन को सरल बनाता है और उपयोगकर्ताओं को सर्वर, पर्सनल कंप्यूटर, लैपटॉप, टैबलेट और मोबाइल फोन जैसे वेब ब्राउज़र वाले विभिन्न प्लेटफार्मों से सिस्टम तक पहुंचने में सक्षम बनाता है।

सुरक्षा

स्काडा (SCADA) प्रणालियाँ जो विकेन्द्रीकृत सुविधाओं जैसे बिजली, तेल, गैस पाइपलाइन, जल वितरण और अपशिष्ट जल संग्रहण प्रणालियों को एक साथ जोड़ती हैं, उन्हें खुला, मजबूत और आसानी से संचालित और मरम्मत करने के लिए डिज़ाइन किया गया था, लेकिन जरूरी नहीं कि वे सुरक्षित हों। मालिकाना प्रौद्योगिकियों से अधिक मानकीकृत और खुले समाधानों की ओर कदम और साथ ही स्काडा (SCADA) प्रणालियों, कार्यालय नेटवर्कों और इंटरनेट के बीच कनेक्शनों की बढ़ती संख्या ने उन्हें नेटवर्क हमलों के प्रकारों के प्रति अधिक संवेदनशील बना दिया है जो कंप्यूटर सुरक्षा में अपेक्षाकृत आम हैं । उदाहरण के लिए, यूनाइटेड स्टेट्स कंप्यूटर इमरजेंसी रेडीनेस टीम (US-CERT) ने एक भेद्यता सलाह जारी की, जिसमें चेतावनी दी गई थी कि अनधिकृत उपयोगकर्ता टॉमकैट एम्बेडेड वेब सर्वर तक पहुंच का लाभ उठाते हुए एक मानक हमले प्रकार का उपयोग करके इंडक्टिव ऑटोमेशन इग्निशन सिस्टम से पासवर्ड हैश सहित संवेदनशील कांफ़िग्रेशन जानकारी डाउनलोड कर सकते शमन अनुशंसाएँ मानक पैचिंगअभ्यास थीं और सुरक्षित कनेक्टिविटी के लिए वीपीएन (VPN - Virtual Private) पहुँच की आवश्यकता थी। परिणामस्वरूप, कुछ स्काडा (SCADA) -आधारित प्रणालियों की सुरक्षा सवालों के घेरे में आ गई है क्योंकि उन्हें साइबर हमलों के लिए संभावित रूप से असुरक्षित माना जाता है ।

विशेष रूप से, सुरक्षा शोधकर्ता इस बात को लेकर चिंतित हैं:

- कुछ मौजूदा स्काडा (SCADA) नेटवर्कों के डिजाइन, परिनियोजन और संचालन में सुरक्षा और प्रमाणीकरण के बारे में चिंता का अभाव
- यह विश्वास कि स्काडा (SCADA) प्रणालियों में विशेष प्रोटोकॉल और स्वामित्व इंटरफेस के उपयोग के माध्यम से अस्पष्टता के माध्यम से सुरक्षा का लाभ है
- यह विश्वास कि स्काडा (SCADA) नेटवर्क सुरक्षित हैं क्योंकि वे भौतिक रूप से सुरक्षित हैं
- यह विश्वास कि स्काडा (SCADA) नेटवर्क सुरक्षित हैं क्योंकि वे इंटरनेट से डिस्कनेक्ट हैं

स्काडा (SCADA) सिस्टम का उपयोग भौतिक प्रक्रियाओं को नियंत्रित करने और निगरानी करने के लिए किया जाता है, जिसके उदाहरण हैं बिजली का संचरण, पाइपलाइनों में गैस और तेल का परिवहन, जल वितरण, ट्रैफ़िक लाइट और आधुनिक समाज के आधार के रूप में उपयोग की जाने वाली अन्य प्रणालियाँ। इन स्काडा (SCADA) सिस्टम की सुरक्षा महत्वपूर्ण है क्योंकि इन प्रणालियों के समझौता या विनाश से समाज के कई क्षेत्रों पर असर पड़ेगा जो मूल समझौते से बहुत दूर हैं। उदाहरण के लिए, समझौता किए गए इलेक्ट्रिकल स्काडा (SCADA) सिस्टम के कारण होने वाली ब्लैकआउट से उस स्रोत से बिजली प्राप्त करने वाले सभी ग्राहकों को वित्तीय नुकसान होगा। सुरक्षा विरासत स्काडा (SCADA) और नई तैनाती को कैसे प्रभावित करेगी, यह देखा जाना बाकी है।

आधुनिक स्काडा (SCADA) सिस्टम के लिए कई खतरे हैं। एक नियंत्रण सॉफ़्टवेयर तक अनधिकृत पहुँच का खतरा है, चाहे वह मानवीय पहुँच हो या वायरस संक्रमण और नियंत्रण होस्ट मशीन पर रहने वाले अन्य सॉफ़्टवेयर खतरों द्वारा जानबूझकर या गलती से प्रेरित परिवर्तन हों। दूसरा स्काडा (SCADA) उपकरणों की मेजबानी करने वाले नेटवर्क खंडों तक पैकेट पहुँच का खतरा है। कई मामलों में, नियंत्रण प्रोटोकॉल में क्रिप्टोग्राफिक सुरक्षा के किसी भी रूप का अभाव होता है , जिससे हमलावर नेटवर्क पर कमांड भेजकर स्काडा (SCADA) डिवाइस को नियंत्रित कर सकता है। कई मामलों में स्काडा (SCADA) उपयोगकर्ताओं ने यह मान लिया है कि वीपीएन (VPN) होने से पर्याप्त सुरक्षा मिलती है, इस बात से अनजान कि स्काडा (SCADA) से संबंधित नेटवर्क जैक और स्विच तक भौतिक पहुँच से सुरक्षा को आसानी से दरकिनार किया जा सकता है। औद्योगिक नियंत्रण विक्रेता एक गहन रक्षा रणनीति के साथ सूचना सुरक्षा की तरह स्काडा (SCADA) सुरक्षा का सुझाव देते हैं जो सामान्य आईटी (IT) प्रथाओं का लाभ उठाती है। उदाहरण के लिए, आरटीयू झूठे डेटा या सेवा अस्वीकार हमलों को इंजेक्ट करने वाले धोखे के हमलों का लक्ष्य हो सकते हैं ।

हमारे आधुनिक बुनियादी ढांचे में स्काडा (SCADA) प्रणालियों का विश्वसनीय कार्य सार्वजनिक स्वास्थ्य और सुरक्षा के लिए महत्वपूर्ण हो सकता है। इस प्रकार, इन प्रणालियों पर हमले प्रत्यक्ष या अप्रत्यक्ष रूप से सार्वजनिक स्वास्थ्य और सुरक्षा को खतरा पहुंचा सकते हैं। इस तरह का एक हमला पहले भी हो चुका है, जो ऑस्ट्रेलिया के क्वीन्सलैंड में मारूची शायर काउंसिल के सीवेज नियंत्रण प्रणाली पर किया गया था । जनवरी 2000 में एक ठेकेदार द्वारा स्काडा (SCADA) प्रणाली स्थापित करने के तुरंत बाद, सिस्टम के घटक अनियमित रूप से काम करने लगे। जब जरूरत थी तब पंप नहीं चले और अलार्म की सूचना नहीं मिली। अधिक गंभीर रूप से, सीवेज ने पास के एक पार्क में बाढ़ ला दी और एक खुली सतही जल निकासी खाई को दूषित कर दिया और 500 मीटर तक ज्वारीय नहर में बह गया। स्काडा (SCADA) प्रणाली सीवेज वाल्वों को खोलने का निर्देश दे रही थी, जब डिजाइन प्रोटोकॉल को उन्हें बंद रखना चाहिए था। ये हमले स्काडा (SCADA) सिस्टम लगाने वाली कंपनी के एक असंतुष्ट पूर्व कर्मचारी द्वारा किए गए थे। पूर्व कर्मचारी को उम्मीद थी कि सिस्टम के रखरखाव के लिए उसे यूटिलिटी द्वारा पूर्णकालिक रूप से काम पर रखा जाएगा।

अप्रैल 2008 में, इलेक्ट्रोमैग्नेटिक पल्स (ईएमपी) हमले से संयुक्त राज्य अमेरिका के लिए खतरे का आकलन करने के लिए आयोग ने एक महत्वपूर्ण अवसंरचना रिपोर्ट जारी की, जिसमें इलेक्ट्रोमैग्नेटिक पल्स (ईएमपी-EMP) घटना के लिए स्काडा (SCADA) सिस्टम की अत्यधिक भेद्यता पर चर्चा की गई। परीक्षण और विश्लेषण के बाद, आयोग ने निष्कर्ष निकाला: " स्काडा (SCADA) सिस्टम ईएमपी (EMP) हमले के लिए असुरक्षित हैं। राष्ट्र के सभी महत्वपूर्ण अवसंरचनाओं द्वारा ऐसी प्रणालियों पर बड़ी संख्या में और व्यापक निर्भरता ईएमपी (EMP) घटना के बाद उनके निरंतर संचालन के लिए एक प्रणालीगत खतरा दर्शाती है। इसके अतिरिक्त, भौगोलिक रूप से व्यापक रूप से फैली हुई बड़ी संख्या में प्रणालियों को रीबूट करने, मरम्मत करने या बदलने की आवश्यकता इस तरह के हमले से राष्ट्र की वसूली को काफी हद तक बाधित करेगी।"

स्काडा (SCADA) और नियंत्रण उत्पादों के कई विक्रेताओं ने TCP/IP-आधारित स्काडा (SCADA) नेटवर्क के साथ-साथ बाहरी स्काडा (SCADA) निगरानी और रिकॉर्डिंग उपकरणों के लिए विशेष औद्योगिक फायरवाल और वीपीएन (VPN) समाधानों की लाइने विकसित करके अनाधिकृत पहुँच से उत्पन्न जोखिमों को संबोधित करान्शुरु कर दिया है । इंटरनेशनल सोसाइटी ऑफ ऑटोमेशन (ISA) ने 2007 में एक कार्य समूह, वर्क ग्रुप (WG) 4 के साथ स्काडा (SCADA) सुरक्षा आवश्यकताओं को औपचारिक रूप देना शुरू किया। वर्क ग्रुप (WG) 4 "विशेष रूप से अद्वितीय तकनीकी आवश्यकताओं, मापों और अन्य विशेषताओं से संबंधित है जो औद्योगिक स्वचालन और नियंत्रण प्रणाली उपकरणों की सुरक्षा लचीलापन और प्रदर्शन का मूल्यांकन और आश्वासन देने के लिए आवश्यक हैं"।

स्काडा (SCADA) कमजोरियों में बढ़ती रुचि के परिणामस्वरूप भेद्यता शोधकर्ताओं ने वाणिज्यिक स्काडा (SCADA) सॉफ्टवेयर में कमजोरियों की खोज की है और सामान्य सुरक्षा समुदाय के लिए प्रस्तुत अधिक सामान्य आक्रामक स्काडा (SCADA) तकनीकों की खोज की है। इलेक्ट्रिक और गैस उपयोगिता स्काडा (SCADA) प्रणालियों में, वायर्ड और वायरलेस सीरियल संचार लिंक के बड़े स्थापित आधार की भेद्यता को कुछ मामलों में बम्प-इन -द- वायर डिवाइस लागू करके संबोधित किया जाता है जो सभी मौजूदा नोड्स को बदलने के बजाय प्रमाणीकरण और उन्नत एन्क्रिप्शन मानक एन्क्रिप्शनको नियोजित करते हैं ।

जून 2010 में, एंटी-वायरस सुरक्षा कंपनी वायर ब्लाकएडा ने मैलवेयर का पहला पता लगाने की सूचना दी जो विंडोज ऑपरेटिंग सिस्टम पर चलने वाले SCADA सिस्टम (सीमेंस के WinCC /PCS 7 सिस्टम) पर हमला करता है। मैलवेयर को स्टक्सनेट कहा जाता है और रूटकिट को स्थापित करने के लिए चार शून्य - दिन के हमलों का उपयोग करता है जो बदले में स्काडा (SCADA) के डेटाबेस में लॉग इन करता है और डिज़ाइन और नियंत्रण फ़ाइलों को चुरा लेता है। मैलवेयर नियंत्रण प्रणाली को बदलने और उन परिवर्तनों को छिपाने में भी सक्षम है। मैलवेयर 14 सिस्टम पर पाया गया, जिनमें से अधिकांश ईरान में स्थित थे।

अक्टूबर 2013 में *नेशनल जियोग्राफ़िक नेअमेरिकन ब्लैकआउट* नामक एक डॉक्यूड्रामा जारी किया , जिसमें स्काडा (SCADA) और संयुक्त राज्य अमेरिका के विद्युत ग्रिड पर एक काल्पनिक बड़े पैमाने पर साइबर हमले की बात कही गई थी।

उपयोग

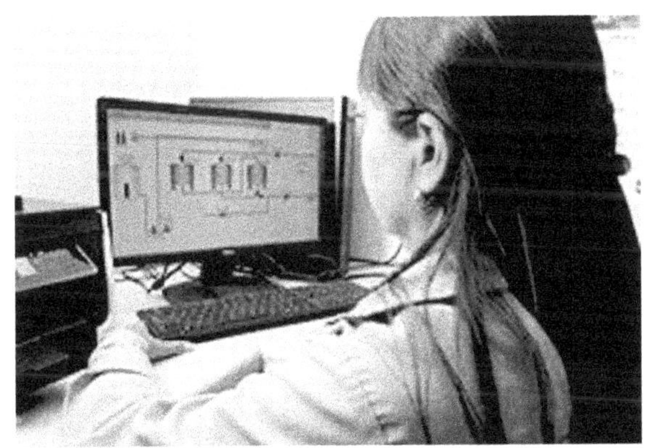

उपयोग

किसी प्रक्रिया की दूर से निगरानी करने के लिए कार्यालय परिवेश में प्रयुक्त स्काडा (SCADA) का उदाहरण

स्काडा (SCADA) अवधारणा का उपयोग करके बड़ी और छोटी दोनों प्रणालियों का निर्माण किया जा सकता है। ये प्रणालियाँ अनुप्रयोग के आधार पर दसियों से लेकर हज़ारों नियंत्रण लूप तक हो सकती हैं । उदाहरण प्रक्रियाओं में औद्योगिक, बुनियादी ढाँचा और सुविधा-आधारित प्रक्रियाएँ शामिल हैं, जैसा कि नीचे वर्णित है:

- औद्योगिक प्रक्रियाओं में विनिर्माण, प्रक्रिया नियत्रण, विद्युत उत्पादन, निर्माण और शोधन शामिल हैं , और ये सतत, बैच, दोहराव या पृथक मोड में चल सकते हैं।
- बुनियादी ढांचा प्रक्रियाएं सार्वजनिक या निजी हो सकती हैं, और इसमें जल उपचार और वितरण, अपशिष्ट जल संग्रहण और उपचार, तेल और गैस पाइप लाइनें, विद्युत शक्ति संचरण और वितरण, और पवन फ़ार्म शामिल हैं ।
- भवन, हवाई अड्डे, जहाज और अन्तरिक्ष स्टेशन सहित सुविधा प्रक्रियाएँ । वे हीटिंग, वेंटिलेशन और एयर कंडीशनिंग सिस्टम (HVAC), पहुँच और उर्जा खपत की निगरानी और नियंत्रण करते हैं ।

हालाँकि, स्काडा (SCADA) सिस्टम में सुरक्षा कमज़ोरियाँ हो सकती हैं, इसलिए जोखिमों की पहचान करने और उन जोखिमों को कम करने के लिए लागू किए गए समाधानों के लिए सिस्टम का मूल्यांकन किया जाना चाहिए।

5

स्काडा द्वारा फाल्ट (व्यवधान/दोष) सुधार

स्काडा द्वारा फाल्ट (व्यवधान/दोष) सुधार

विद्युत सर्किट बाहर होने के कारण, बिजली के नेटवर्क पूरे साल प्रकृति के कहर के अधीन रहते हैं। बिजली, भारी बारिश, धूल या यहाँ तक कि स्थानीय वन्यजीवों से भी, ये बिजली के नेटवर्क समय के साथ होने वाली खराबी के प्रति संवेदनशील हो जाते हैं।

जब ये फाल्ट (व्यवधान/दोष) होते हैं, तो बिजली कटौती हो सकती है जो अंतिम ग्राहकों या औद्योगिक क्षेत्रों की बड़ी आबादी को प्रभावित कर सकती है, जिससे स्थानीय उपयोगिता के लिए असंतोष और राजस्व हानि हो सकती है। उपयोगिताओं और संचालन और रखरखाव (ओ एंड एम) फर्मों के साथ हमारी बातचीत में, एक फाल्ट (व्यवधान/दोष) संकेतक की अनुपस्थिति में, मानक अभ्यास में कई तकनीशियनों को फाल्ट (व्यवधान/दोष) के सटीक स्थान का पता लगाने के लिए लाइन की लंबाई के साथ चलना या गाड़ी चलाना शामिल है। एरियल बंडल केबल (एबी केबल) जैसी लाइन के मामले में जहां केबल एक साथ बंच किए जाते हैं, यह अभ्यास और भी कठिन हो जाता है क्योंकि तकनीशियनों को फाल्ट (व्यवधान/दोष) खोजने के लिए लाइन के नीचे चलना पड़ता है। इसके अतिरिक्त, यदि फाल्ट (व्यवधान/दोष) रात में या अत्यधिक जंगली या पहाड़ी क्षेत्रों में होता है, तो यह प्रयास तेजी से कठिन हो जाता है।

उपयोगिताओं के लिए इन राजस्व घाटे और फाल्ट (व्यवधान/दोष) का पता लगाने के लिए ओ एंड एम की अतिरिक्त लागत ने उपयोगिताओं या रखरखाव फर्मों को उनके नेटवर्क में दोषों का शीघ्र पता लगाने में सहायता करने के लिए उत्पादों के विकास को जन्म दिया है। फॉल्ट इंडिकेटर एक ऐसा उपकरण है जिसे भूमिगत या ओवरग्राउंड विद्युत लाइनों पर रखा जाता है ताकि उपयोगिताओं को दृश्य या दूरस्थ संकेत और दोष का स्थान प्रदान किया जा सके। इन फॉल्ट इंडिकेटर को फॉल्ट पैसेज इंडिकेटर (FPI – एफपीआई) के रूप में भी जाना जाता है, जो उपयोगिता को फाल्ट (व्यवधान/दोष) के स्थान के बारे में प्रारंभिक जानकारी

प्राप्त करने और तत्काल कार्रवाई करने में मदद करते हैं।

ओवरहेड लाइन फॉल्ट पैसेज इंडिकेटर एफपीआई (FPI) क्या है?

ओवरहेड लाइन फॉल्ट पैसेज इंडिकेटर विद्युत वितरण नेटवर्क में होने वाली खराबी का पता लगाता है और उसे इंगित करता है। यह खराबी की घटना के लिए सिस्टम पर 24×7 निगरानी रखता है और खराबी के स्थान की तुरंत पहचान करके डाउनटाइम समय को कम करता है। फॉल्ट पैसेज इंडिकेटर को हॉट स्टिक और एडॉप्टर की मदद से लाइव स्थितियों में स्थापित किया जाता है।

फॉल्ट पैसेज इंडिकेटर एफपीआई (FPI) कैसे काम करता है?

एक फॉल्ट पैसेज इंडिकेटर आमतौर पर सर्किट के प्रत्येक फेज पर क्लिप किया जाता है, जिससे यूटिलिटी या ओ एंड एम फर्म प्रत्येक फेज में करंट और फॉल्ट की निगरानी कर सकती है। लाइन के साथ नियमित अंतराल पर एफपीआई (FPI) को रखकर, डिवाइस कंडक्टर के आसपास के इलेक्ट्रोमैग्नेटिक फील्ड की निगरानी करके अपने इंस्टॉलेशन पॉइंट से डाउनस्ट्रीम सेक्शन में फॉल्ट की पहचान कर सकता है। फॉल्ट की स्थिति के दौरान, कंडक्टर के चारों ओर चुंबकीय क्षेत्र तेजी से बढ़ता है क्योंकि एक उच्च धारा उस पथ से कुछ समय (di/dt) के लिए प्रवाहित होगी और फिर अचानक शून्य हो जाएगी क्योंकि सर्किट ब्रेकर ट्रिप हो जाता है, इस स्थिति को एफपीआई (FPI) द्वारा महसूस किया जाता है और साइट पर और स्काडा (SCADA) केंद्र को दूर से अलार्म देता है।

गैर-संचारी प्रकार के मामले में, एफपीआई (FPI) लाल अल्ट्रा उज्ज्वल एलईडी को झपकाकर भौतिक रूप से ऑन-साइट अलार्म देगा और संचारी प्रकार के मामले में एफपीआई भौतिक रूप से ऑन-साइट अलार्म देगा और साथ ही जीएसएम/जीपीआरएस पर डीसीयू के माध्यम से एससीएडीए केंद्र को डेटा भेजेगा।

नीचे दिया गया चित्रण संचारी प्रणाली की एक बुनियादी टोपोलॉजी प्रदान करता है।

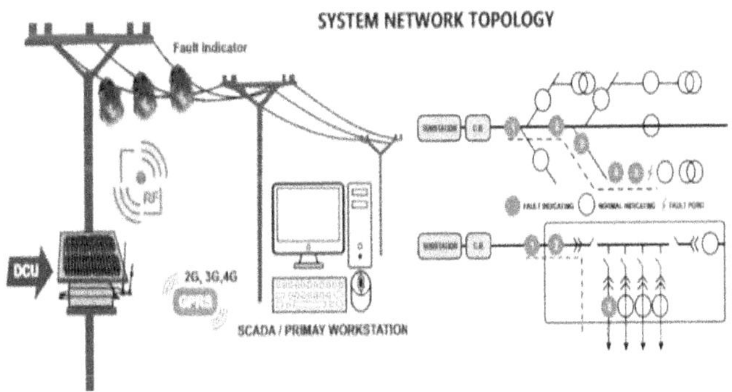

चित्रण संचारी प्रणाली

एफपीआई (FPI) उत्पाद का उद्देश्य अंततः दृश्य और/या दूरस्थ संकेत प्रदान करके रखरखाव तकनीशियनों द्वारा फौल्टों (दोषों) को खोजने में लगने वाले समय और प्रयास को कम करना है।

जब कोई फाल्ट (दोष) होता है, तो फाल्ट (दोष) बिंदु के सामने फाल्ट (दोष) संकेतक फाल्ट (दोष) को इंगित करने के लिए एक एलईडी फ्लैश करेंगे, फाल्ट (दोष) बिंदु के पीछे वाले फाल्ट (दोष) को इंगित नहीं करेंगे। ऑपरेटर फ्लैश किए गए संकेतकों को ट्रैक करके फाल्ट (दोष) की स्थिति (चमकने वाले और गैर-चमकने वाले संकेतकों के बीच) को आसानी से पहचान सकता है। यह ऑपरेटर को फाल्ट (दोष) बिंदु को जल्दी से पता लगाने में मदद कर सकता है। स्थायी फाल्ट (दोष), क्षणिक फाल्ट (दोष) और बैटरी कम वोल्टेज अलार्म को 3 अलग-अलग अल्ट्रा-ब्राइट ब्लिंकिंग एलईडी द्वारा अलग-अलग संकेत और पहचाना जा सकता है। दो अलग-अलग बारी-बारी से अल्ट्रा-ब्राइट ब्लिंकिंग एलईडी एक अर्थ फॉल्ट को इंगित करते हैं। ट्रिप करंट, रीसेट समय, ब्लिंकिंग अंतराल आदि जैसे पैरामीटर भी वायरलेस द्विदिश नेटवर्क पर पढ़े और समायोजित किए जाते हैं।

फॉल्ट पैसेज इंडिकेटर की विशेषताएं

एक्सिस ओवरहेड लाइन फॉल्ट पैसेज इंडिकेटर सिग्नल सोर्स नामक डिवाइस की सहायता से सिग्नल इंजेक्शन विधि का उपयोग करके अर्थ फॉल्ट का पता लगाता है।

सिग्नल स्रोत अर्थ-फॉल्ट का पता लगाने में बेहतर सटीकता प्रदान करता है। एक्सिस ओवरहेड लाइन फॉल्ट पैसेज इंडिकेटर को IEEE 495-2007 अंतर्राष्ट्रीय मानक के अनुसार डिज़ाइन किया गया है। अर्थ-फॉल्ट और शॉर्ट-सर्किट फॉल्ट इंडिकेटर में तीन इंडिकेटर होते हैं, एक प्रत्येक फेज के लिए और एक डेटा कंसंट्रेटर यूनिट (DCU) के लिए सिस्टम सर्वर पर डेटा अपलोड करने के लिए।

ओवरहेड लाइन रिमोट फॉल्ट इंडिकेटर का उपयोग आमतौर पर शॉर्ट-सर्किट फॉल्ट और अर्थ फॉल्ट की निगरानी के लिए किया जाता है। तीन अल्ट्रा-ब्राइट ब्लिंकिंग एलईडी नेटवर्क में फॉल्ट का संकेत देते हैं। उपलब्ध 2G/3G/4G नेटवर्क का उपयोग करके फॉल्ट और करंट वैल्यू के बारे में जानकारी सर्वर सिस्टम पर अपलोड की जा सकती है।

फॉल्ट पैसेज इंडिकेटर के लाभ

ओवरहेड लाइन फॉल्ट पैसेज इंडिकेटर का मुख्य उद्देश्य वितरण नेटवर्क में होने वाली खराबी की पहचान करने के लिए आवश्यक शारीरिक प्रयासों को कम करना है। खराबी की पहचान करने के लिए आवश्यक समय, प्रयास और जनशक्ति में उल्लेखनीय कमी आती है।

6

स्काडा मुख्य अवयव

स्काडा मुख्य अवयव

आजकल, कंप्यूटर नियंत्रण एक पावर सिस्टम नेटवर्क की विश्वसनीयता, इष्टतम संचालन, बुद्धिमान नियंत्रण और सुरक्षा में सुधार के लिए सबसे अधिक लागत प्रभावी समाधानों में से एक है। उन्नत डेटा संग्रह क्षमताओं के साथ, स्काडा (SCADA) सिस्टम पावर सिस्टम संचालन में एक महत्वपूर्ण भूमिका निभाता है।

आमतौर पर, वितरण पक्ष पर स्काडा (SCADA) पूरे वितरण नेटवर्क को स्वचालित करके और स्मार्ट ग्रिड सिस्टम की तरह दूरस्थ निगरानी, समन्वय, नियंत्रण और वितरण घटकों को संचालित करने की सुविधा प्रदान करके केवल डेटा एकत्र करने से कहीं अधिक करता है।

स्काडा (SCADA) का उपयोग करके वितरण स्वचालन जानने से पहले, आइए देखें कि स्काडा (SCADA) वास्तव में क्या है और इसकी कार्यप्रणाली क्या है और वितरण प्रणाली में वे क्या करते हैं।

स्काडा (SCADA) क्या है?

पर्यवेक्षी नियंत्रण (सुपरवाइजरी कंट्रोल) और डेटा अधिग्रहण या बस स्काडा (SCADA) बड़े भौगोलिक क्षेत्रों को कवर करने वाले डेटा अधिग्रहण, मॉनिटर और नियंत्रण प्रणालियों के लिए उपलब्ध समाधानों में से एक है। यह डेटा अधिग्रहण और टेलीमेट्री के संयोजन को संदर्भित करता है।

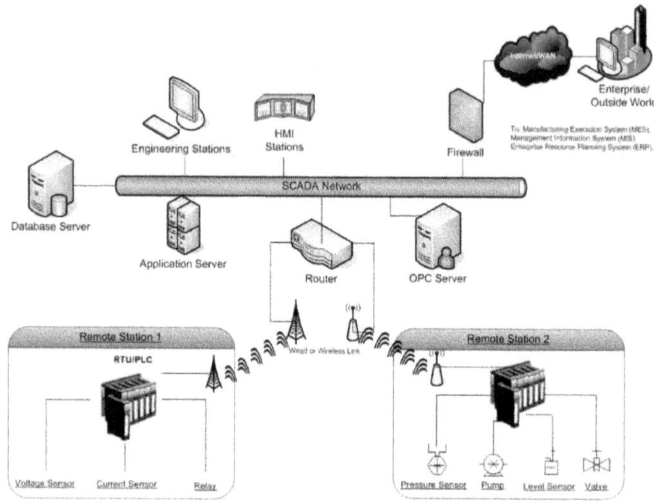

OpenControl SCADA Network Architecture

ओपन कंट्रोल स्काडा नेटवर्क आर्किटेक्चर

स्काडा (SCADA) प्रणाली का उपयोग मुख्य रूप से कई उद्योगों जैसे बिजली संयंत्र, तेल और गैस शोधन, जल और अपशिष्ट नियंत्रण, दूरसंचार आदि में किसी उपकरण या संयंत्र की निगरानी और नियंत्रण प्रणाली के कार्यान्वयन के लिए किया जाता है।

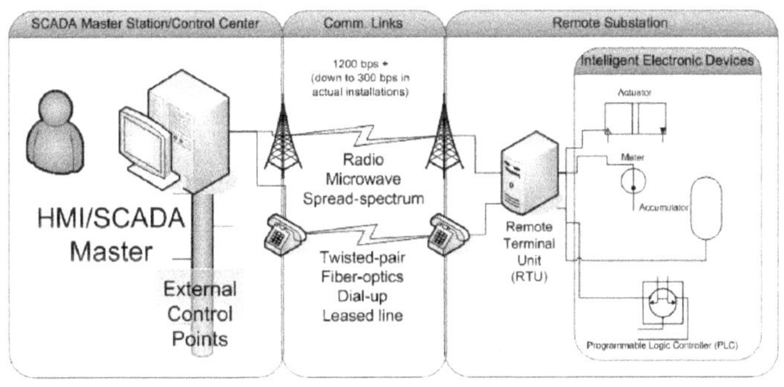

स्काडा (SCADA) सिस्टम

इस प्रणाली में, किसी संयंत्र में क्षेत्र या प्रक्रिया स्तर पर कई दूरस्थ टर्मिनल इकाइयों द्वारा मापन किया जाता है और फिर डेटा को स्काडा (SCADA) केंद्रीय होस्ट कंप्यूटर में स्थानांतरित कर दिया जाता है, ताकि अधिक पूर्ण प्रक्रिया या विनिर्माण जानकारी दूरस्थ रूप से प्रदान की जा सके।

यह प्रणाली प्राप्त आंकड़ों को कई ऑपरेटर स्क्रीनों पर प्रदर्शित करती है तथा आवश्यक नियंत्रण क्रियाओं को प्रक्रिया संयंत्र में दूरस्थ टर्मिनल इकाइयों तक वापस भेजती है।

विशिष्ट स्काडा (SCADA) प्रणाली के घटक

स्काडा (SCADA) प्रणाली में प्रमुख घटक हैं

रिमोट टर्मिनल यूनिट (RTU)

आरटीयू स्काडा (RTU SCADA) प्रणाली में मुख्य घटक है जिसका नियंत्रण वातावरण से जुड़े विभिन्न सेंसर, मीटर और एक्ट्यूएटर से सीधा संबंध होता है।

एफआरटीयू (FRTU)

ये आरटीयू (RTU) कुछ और नहीं बल्कि वास्तविक समय के प्रोग्रामेबल लॉजिक कंट्रोलर (PLC) हैं जो मॉडेम द्वारा डेटा संचारित करने के लिए रिमोट स्टेशन की जानकारी को डिजिटल रूप में ठीक से परिवर्तित करने के लिए जिम्मेदार हैं और एक्ट्यूएटर और स्विचबॉक्स के माध्यम से प्रक्रिया उपकरण को नियंत्रित करने के लिए मास्टर यूनिट से प्राप्त संकेतों को भी परिवर्तित करते हैं।

मास्टर टर्मिनल यूनिट (MTU)

केंद्रीय होस्ट सर्वर या सर्वर को मास्टर टर्मिनल यूनिट कहा जाता है, कभी-कभी इसे स्काडा (SCADA) केंद्र भी कहा जाता है। यह निर्धारित स्कैनिंग के दौरान रीडिंग और राइटिंग ऑपरेशन करके कई आरटीयू (RTU) के साथ संचार करता है। इसके अलावा, यह अन्य नोड्स के साथ नियंत्रण, अलार्मिंग, नेटवर्किंग आदि करता है।

आरएमयू (RMU) – रिंग मेन यूनिट

आरएमयू रिंग मेन यूनिट (RMU) का उद्देश्य क्या है?

रिंग मेन यूनिट (RMU) के मुख्य कार्य सर्किट नियंत्रण, दोषपूर्ण उपकरणों से अलगाव और स्विच फंक्शन के लिए सर्किट को नियंत्रित करना है। मुख्य रिंग यूनिट को द्वितीयक वितरण प्रणाली में तैनात किया जाता है। इसका उपयोग अधिकतर निर्बाध बिजली आपूर्ति

प्रदान करने के लिए किया जाता है।

आरएमयू का उपयोग ट्रांसफार्मर में क्यों किया जाता है?

आरएमयू के उपयोग का उद्देश्य

अलगाव: यह दोषपूर्ण उपकरण को शेष सर्किट से अलग करता है । संरक्षण: यह सर्किट को ग्राउंड-फॉल्ट करंट, शॉर्ट-सर्किट करंट फॉल्ट और ओवरलोड से बचाता है।

आरएमयू कितने प्रकार के होते हैं?

रिंग मेन यूनिट को उनके इन्सुलेशन के प्रकार से पहचाना जा सकता है: वायु, तेल या गैस । ट्रांसफार्मर को अलग करने के लिए इस्तेमाल किया जाने वाला स्विच एक फ़्यूज़िबल स्विच हो सकता है, या वैक्यूम या गैस-इंसुलेटेड इंटरप्टर्स का उपयोग करने वाला सर्किट ब्रेकर हो सकता है। यूनिट में किसी खराबी पर सर्किट ब्रेकर को संचालित करने के लिए सुरक्षात्मक रिले भी शामिल हो सकते हैं।

रिंग मेन सिस्टम के क्या फायदे हैं?

रिंग मेन वितरण प्रणाली रेडियल विन्यास की तुलना में अधिक विश्वसनीय, रखरखाव योग्य और संतुलित बिजली वितरण प्रदान करती है । इसकी लूप टोपोलॉजी फीडर दोषों के दौरान भी बिजली आपूर्ति की अतिरेक और निरंतरता सुनिश्चित करती है।

विद्युत शक्ति वितरण प्रणाली में, एक रिंग मेन यूनिट (आरएमयू) एक फैक्ट्री में असेंबल किया गया, धातु से बना स्विच गियर सेट होता है जिसका उपयोग रिंग-टाइप वितरण नेटवर्क के लोड कनेक्शन बिंदुओं पर किया जाता है। इसमें एक यूनिट में दो स्विच शामिल होते हैं जो लोड को या तो या दोनों मुख्य कंडक्टरों से जोड़ सकते हैं, और एक फ्यूजिबल स्विच या सर्किट ब्रेकर और स्विच जो वितरण ट्रांसफार्मर को फीड करते हैं । धातु से बनी यह यूनिट ट्रांसफार्मर से या तो मानकीकृत आयामों के बस थ्रोट के माध्यम से या फिर केबल के माध्यम से जुड़ती है और आमतौर पर इसे बाहर स्थापित किया जाता है। रिंग मेन केबल कैबिनेट में प्रवेश करती हैं और छोड़ती हैं। इस प्रकार के स्विचगियर का उपयोग मध्यम-वोल्टेज बिजली वितरण के लिए किया जाता है, 7200 वोल्ट से लेकर लगभग 36000 वोल्ट तक।

रिंग मेन यूनिट को यूनाइटेड किंगडम में शुरू किया गया था और अब इसका इस्तेमाल दूसरे देशों में भी व्यापक रूप से किया जाता है। उत्तरी अमेरिकी वितरण अभ्यास में, अक्सर रिंग मेन यूनिट के समतुल्य को पैड-माउंटेड ट्रांसफॉर्मर में बनाया जाता है जो स्विच और ट्रांसफार्मर को एक ही कैबिनेट में एकीकृत करता है।

श्रेणियाँ

रिंग मेन यूनिट को उनके इंसुलेशन के प्रकार से पहचाना जा सकता है : हवा, तेल या गैस । ट्रांसफार्मर को अलग करने के लिए इस्तेमाल किया जाने वाला स्विच एक फ्यूज़िबल स्विच हो सकता है, या वैक्यूम या गैस-इंसुलेटेड इंटरप्टर्स का उपयोग करने वाला सर्किट

ब्रेकर हो सकता है। यूनिट में किसी खराबी पर सर्किट ब्रेकर को संचालित करने के लिए सुरक्षात्मक रिले भी शामिल हो सकते हैं।

आरएमयू (RMU) – रिंग मेन यूनिट

रिमोट मॉनिटरिंग यूनिट आरएमयू (RMU) क्या है?

रिमोट मॉनिटरिंग यूनिट (आरएमयू) एक कनेक्टिविटी डिवाइस है जो आंतरिक टेलीमेट्री हार्डवेयर के बिना भी उत्पादों को डेटा स्थानांतरित करने और व्यापक नियंत्रण और निगरानी या परिसंपत्ति प्रबंधन प्रणाली के साथ संचार करने में सक्षम बनाता है।

रिमोट टर्मिनल यूनिट (आरटीयू) के उपयोग के लाभ

इससे ऑपरेटरों को एक केंद्रीय स्थान से प्रक्रियाओं की निरंतर निगरानी और नियंत्रण करने की सुविधा मिलती है, जिससे यह सुनिश्चित होता है कि परिचालन कुशल बना रहे और किसी भी समस्या का शीघ्र पता लगाकर उसका समाधान किया जा सके।

आरटीयू पावर क्या है?

रिमोट टर्मिनल यूनिट (आरटीयू) एक माइक्रोप्रोसेसर-नियंत्रित इलेक्ट्रॉनिक उपकरण है, जो भौतिक दुनिया में वस्तुओं को एक वितरित नियंत्रण प्रणाली या स्काडा (SCADA) (पर्यवेक्षी नियंत्रण और डेटा अधिग्रहण) प्रणाली से जोड़ता है, इसके लिए मास्टर सिस्टम को टेलीमेट्री डेटा प्रेषित किया जाता है, और मास्टर पर्यवेक्षी से संदेशों का उपयोग किया जाता है।

आरटीयू (RTU) फ़ील्ड डिजिटल और एनालॉग मापदंडों की निगरानी करता है और डेटा को स्काडा (SCADA) मास्टर स्टेशन तक पहुंचाता है। यह डेटा इनपुट स्ट्रीम को डेटा आउटपुट स्ट्रीम से जोड़ने, संचार प्रोटोकॉल को परिभाषित करने और फ़ील्ड में इंस्टॉलेशन समस्याओं का निवारण करने के लिए सेटअप सॉफ़्टवेयर चलाता है।

एक आरटीयू में एक जटिल सर्किट कार्ड शामिल हो सकता है, जिसमें कस्टम-फिटेड फंक्शन करने के लिए आवश्यक विभिन्न अनुभाग शामिल हो सकते हैं, या इसमें सीपीयू या संचार इंटरफेस के साथ प्रसंस्करण सहित कई सर्किट कार्ड शामिल हो सकते हैं, और निम्नलिखित में से एक या अधिक: (एआई) एनालॉग इनपुट, (डीआई) डिजिटल (स्थिति) इनपुट, (डीओ/सीओ) डिजिटल (या नियंत्रण रिले) आउटपुट, या (एओ) एनालॉग आउटपुट कार्ड।

एक आरटीयू (RTU) एक छोटी प्रक्रिया नियंत्रण इकाई भी हो सकती है जिसमें पीआईडी (PID), अलार्मिंग, फ़िल्टरिंग, ट्रेंडिंग और अन्य कार्यों के लिए एक छोटा डेटाबेस होता है जो कुछ बेसिक (BASIC) (प्रोग्रामिंग भाषा) कार्यों के साथ पूरक होता है। आधुनिक आरटीयू (RTU) आमतौर पर प्रोग्रामेबल लॉजिक नियंत्रकों के लिए IEC61131-3 प्रोग्रामिंग मानक का समर्थन करते हैं। चूंकि आरटीयू (RTU) को नियमित रूप से पाइपलाइन और ग्रिड गार्डिंग सिस्टम में, या अन्य हार्ड-टू-पहुंच या चरम वातावरण में तैनात किया जा सकता है (उदाहरण के लिए बायोस्फीयर 2 परियोजना में), उन्हें कठोर परिस्थितियों में काम करने और ऊर्जा-बचत उपायों को लागू करने की आवश्यकता होती है (जैसे उपयोग में नहीं होने पर IO मॉड्यूल को बंद करना)। उदाहरण के लिए, यह मल्टी-ड्रॉप कॉन्फ़िगरेशन में RS485 या वायरलेस संचार लिंक के माध्यम से संचार करता है ।

बिजली की आपूर्ति

विभिन्न सीपीयू (CPU), स्टेटस वेटिंग वोल्टेज और अन्य इंटरफ़ेस कार्ड के लिए एसी (AC) मेन से संचालन के लिए बिजली आपूर्ति का एक रूप शामिल किया जाएगा। इसमें एसी (AC) से डीसी (DC) कन्वर्टर्स शामिल हो सकते हैं जहाँ स्टेशन बैटरी सिस्टम से संचालन किया जाता है।

आरटीयू (RTU) में बैटरी और चार्जर सर्किटरी शामिल हो सकती है, ताकि ऐसे महत्वपूर्ण अनुप्रयोगों में, जहां स्टेशन बैटरी उपलब्ध नहीं है, एसी बिजली की विफलता की

स्थिति में परिचालन जारी रखा जा सके।

डिजिटल (स्थिति) इनपुट

अधिकांश आरटीयू (RTU) में दो अवस्था वाली वास्तविक दुनिया की जानकारी प्राप्त करने के लिए एक इनपुट सेक्शन या इनपुट स्थिति कार्ड शामिल होते हैं। यह आमतौर पर आरटीयू (RTU) साइट पर दूरस्थ संपर्क (खुला या बंद) की स्थिति को समझने के लिए एक पृथक वोल्टेज या करंट स्रोत का उपयोग करके पूरा किया जाता है। यह संपर्क स्थिति कई अलग-अलग उपकरणों का प्रतिनिधित्व कर सकती है, जिसमें विद्युत ब्रेकर, लिक्विड वाल्व की स्थिति, अलार्म की स्थिति और उपकरणों की यांत्रिक स्थिति शामिल है। काउंटर इनपुट वैकल्पिक हैं।

एनालॉग इनपुट

एक आरटीयू (RTU) 0-1 mA, 4-20mA करंट लूप , 0–10 V., ±2.5 V, ±5.0 V आदि सहित विभिन्न प्रकार के एनालॉग इनपुट की निगरानी कर सकता है। कई आरटीयू (RTU) इनपुट वास्तविक दुनिया की मात्रा को संवेदनशील आरटीयू (RTU) इनपुट स्तरों से परिवर्तित करने और अलग करने के लिए ट्रांसड्यूसर के माध्यम से बड़ी मात्रा को बफर करते हैं। एक आरटीयू (RTU) एक मास्टर या आईईडी (IED) (बुद्धिमान इलेक्ट्रॉनिक डिवाइस) से संचार प्रणाली के माध्यम से एनालॉग डेटा भी प्राप्त कर सकता है जो इसे डेटा मान भेजता है।

आरटीयू या होस्ट सिस्टम इस कच्चे डेटा को मानव - मशीन इंटरफ़ेस के माध्यम से उपयोगकर्ता को डेटा प्रस्तुत करने से पहले, शेष पानी की मात्रा, तापमान डिग्री या मेगावाट जैसी उपयुक्त इकाइयों में अनुवादित और स्केल करता है ।

डिजिटल (नियंत्रण रिले) आउटपुट

आरटीयू (RTUs) उच्च धारा क्षमता रिले को डिजिटल आउटपुट (या "DO") बोर्ड पर चला सकते हैं ताकि क्षेत्र में उपकरणों को बिजली चालू और बंद किया जा सके। DO बोर्ड रिले में कॉइल में वोल्टेज स्विच करता है, जो उच्च धारा संपर्कों को बंद कर देता है, जो डिवाइस के लिए पावर सर्किट को पूरा करता है।

आरटीयू (RTU) आउट पुटमें एक इलेक्ट्रॉनिक पीएलसी या अन्य इलेक्ट्रॉनिक डिवाइस पर एक संवेदनशील 5 वी इनपुट का उपयोग करके एक संवेदनशील लॉजिक इनपुट को चलाना भी शामिल हो सकता है।

एनालॉग आउटपुट

हालांकि आमतौर पर इस्तेमाल नहीं किया जाता है, एनालॉग आउटपुट को उन उपकरणों को नियंत्रित करने के लिए शामिल किया जा सकता है जिन्हें अलग-अलग मात्रा की आवश्यकता होती है, जैसे कि ग्राफिक रिकॉर्डिंग उपकरण (स्ट्रिप चार्ट)। सारांशित या संसाधित डेटा मात्राएँ मास्टर स्काडा (SCADA) सिस्टम में उत्पन्न की जा सकती हैं और जहाँ भी आवश्यक हो, स्थानीय या दूरस्थ रूप से प्रदर्शित करने के लिए आउटपुट किया जा सकता है।

सॉफ्टवेयर और तर्क नियंत्रण

आधुनिक आरटीयू (RTU) आमतौर पर तैनाती को सरल बनाने और सुरक्षा कारणों से अतिरेक प्रदान करने के लिए डीसीएस (DCS) स्काडा (SCADA) सिस्टम के होस्ट कंप्यूटर को शामिल किए बिना सरल प्रोग्राम को स्वायत्त रूप से निष्पादित करने में सक्षम होते हैं । आधुनिक जल प्रबंधन प्रणाली में आरटीयू (RTU) में आमतौर पर अपने व्यवहार को संशोधित करने के लिए कोड होता है जब रखरखाव कर्मियों द्वारा रखरखाव के दौरान आरटीयू (RTU) पर भौतिक ओवरराइड स्विच को टॉगल किया जाता है। यह सुरक्षा कारणों से किया जाता है; सिस्टम ऑपरेटरों और रखरखाव कर्मियों के बीच गलत संचार के कारण सिस्टम ऑपरेटर गलती से पानी के पंप को बिजली चालू कर सकते हैं, उदाहरण के लिए।

रखरखाव कर्मियों को चाहिए कि वे जिस भी उपकरण पर काम कर रहे हों, उसे बिजली से अलग कर दें तथा उसे लॉक कर दें, ताकि क्षति और/या चोट से बचा जा सके।

संचार

एक आरटीयू (RTU) को विभिन्न संचार प्रोटोकॉल (आमतौर पर सीरियल (RS-232, RS-485, RS-442) या ईथरनेट) के साथ कई मास्टर स्टेशनों और आईईडी (IED) (इंटेलीजेंट इलेक्ट्रॉनिक डिवाइस) से जोड़ा जा सकता है। एक आरटीयू (RTU) किसी तीसरे पक्ष के सॉफ्टवेयर को इंटरफ़ेस करने के लिए मानक प्रोटोकॉल (Modbus, IEC60870-5 -101/103/104,DNP3, IEC60870-6 -ICCP, IEC61850 आदि)का समर्थन कर सकता है ।

न्यूनतम डेटा ट्रैफ़िक के साथ सिंक्रोनाइज़ेशन सुनिश्चित करने के लिए विभिन्न तकनीकों का उपयोग करके डेटा ट्रांसफर किसी भी छोर से शुरू किया जा सकता है। मास्टर समय-समय पर डेटा में होने वाले परिवर्तनों के लिए अपनी अधीनस्थ इकाई (मास्टर से आरटीयू (RTU) या आरटीयू (RTU) से आईईडी (IED)) से संपर्क कर सकता है। एनालॉग मान में होने वाले परिवर्तन आमतौर पर केवल अंतिम प्रेषित मूल्य से एक निर्धारित सीमा

के बाहर होने वाले परिवर्तनों पर ही रिपोर्ट किए जाएँगे। डिजिटल (स्थिति) मान एक समान तकनीक का पालन करते हैं और केवल एक सम्मिलित बिंदु (बिट) में परिवर्तन होने पर समूहों (बाइट्स) को संचारित करते हैं। उपयोग की जाने वाली एक अन्य विधि वह है जहाँ एक अधीनस्थ इकाई एनालॉग या डिजिटल डेटा में पूर्व निर्धारित परिवर्तन पर डेटा का अद्यतन आरंभ करती है। पूर्ण सिंक्रोनाइज़ेशन सुनिश्चित करने और पुराने डेटा को समाप्त करने के लिए, किसी भी विधि के साथ, समय-समय पर पूरा डेटा ट्रांसमिशन किया जाना चाहिए। अधिकांश संचार प्रोटोकॉल इंस्टॉलर द्वारा प्रोग्राम किए जाने योग्य दोनों विधियों का समर्थन करते हैं।

मल्टी ड्रॉप योजना , कई आरटीयू (RTU) या आईईईडी (IED) एक संचार लाइन साझा कर सकते हैं, क्योंकि इकाइयों को विशिष्ट रूप से संबोधित किया जाता है और वे केवल अपने स्वयं के मतदान और आदेशों का जवाब देते हैं।

संचार प्रणाली

संचार नेटवर्क केंद्रीय होस्ट कंप्यूटर सर्वर और फ़ील्ड डेटा इंटरफ़ेस डिवाइस और नियंत्रण इकाइयों के बीच डेटा स्थानांतरित करता है। स्थानांतरण का माध्यम केबल, रेडियो, टेलीफोन, सैटेलाइट आदि या इनमें से कोई भी संयोजन हो सकता है।

रेडियो रिमोट कंट्रोल सिस्टम

रेडियो रिमोट कंट्रोल (आरएफ रिमोट कंट्रोल) का उपयोग रिमोट कंट्रोल डिवाइस द्वारा प्रेषित विभिन्न रेडियो संकेतों का उपयोग करके दूर की वस्तुओं को नियंत्रित करने के लिए किया जाता है। इन्फ्रारेड रिमोट कंट्रोल के पूरक तरीके के रूप में, रेडियो रिमोट कंट्रोल का उपयोग इलेक्ट्रिक गेराज दरवाजा या गेट ओपनर्स, स्वचालित बैरियर सिस्टम, बर्गलर अलार्म और औद्योगिक स्वचालन प्रणालियों के साथ किया जाता है। आरएफ रिमोट के लिए उपयोग किए जाने वाले मानक हैं: ब्लू टूथ एवी आरसीपी, जिगबी (आरएफ4सीई), जेड-वेव । अधिकांश *रिमोट कंट्रोल* अपने स्वयं के कोडिंग का उपयोग करते हैं, जो 8 से 100 या अधिक पल्स, फिक्स्ड या रोलिंग कोड, ओओके या एफएसके मॉड्यूलेशन का उपयोग करके संचारित करते हैं। इसके अलावा, ट्रांसमीटर या रिसीवर *सार्वभौमिक* हो सकते हैं, जिसका अर्थ है कि वे कई अलग-अलग कोडिंग के साथ काम करने में सक्षम हैं

रेडियो रिमोट कंट्रोल सिस्टम में आमतौर पर दो भाग होते हैं: संचारित करना और प्राप्त करना। ट्रांसमीटर भाग को दो भागों में विभाजित किया जाता है, आरएफ रिमोट कंट्रोल और ट्रांसमीटर मॉड्यूल। यह ट्रांसमीटर मॉड्यूल को एक बड़े अनुप्रयोग में एक घटक के रूप में उपयोग करने की अनुमति देता है। ट्रांसमीटर मॉड्यूल छोटा है, लेकिन उपयोगकर्ताओं को इसका उपयोग करने के लिए विस्तृत ज्ञान होना चाहिए; आरएफ रिमोट कंट्रोल के साथ संयुक्त रूप से इसका उपयोग करना बहुत आसान है।

रिसीवर आम तौर पर दो प्रकार का होता है: सुपर-रीजेनरेटिव रिसीवर या सुपरहेटरोडाइन । सुपर-रीजेनरेटिव रिसीवर आंतरायिक दोलन पहचान सर्किट की तरह काम करता है।

सुपरहेटरोडाइन रेडियो रिसीवर की तरह काम करता है। सुपरहेटरोडाइन रिसीवर का उपयोग इसकी स्थिरता, उच्च संवेदनशीलता और अपेक्षाकृत अच्छी हस्तक्षेप-विरोधी क्षमता, छोटे पैकेज और कम कीमत के कारण किया जाता है।

प्रयोग

उद्‌योग

सबस्टेशन, पंप स्टोरेज पावर स्टेशन और एचवीडीसी -प्लांट को नियंत्रित करने के लिए रिमोट कंट्रोल का इस्तेमाल किया जाता है। इन प्रणालियों के लिए अक्सर लॉन्गवेव रेंज में काम करने वाले पीएलसी-सिस्टम का इस्तेमाल किया जाता है।

पावर लाइन रिमोट कंट्रोल

पावर-लाइन संचार का एक उपसमूह जो सक्रिय एसी पावर लाइनों पर रिमोट कंट्रोल सिग्नल भेजता है। इसका उपयोग वाईफाई से जुड़े स्मार्ट स्विच के आविष्कार से पहले होम ऑटोमेशन को दूर से नियंत्रित करने के लिए किया जाता था।

ऑपरेटर वर्कस्टेशन

ये मानक एचएमआई (HMI) (ह्यूमन मशीन इंटरफ़ेस) सॉफ़्टवेयर से युक्त कंप्यूटर टर्मिनल हैं और एक केंद्रीय होस्ट कंप्यूटर के साथ नेटवर्क किए गए हैं। ये वर्कस्टेशन ऑपरेटर टर्मिनल हैं जो दूरस्थ फ़ील्ड मापदंडों की निगरानी और नियंत्रण के लिए होस्ट क्लाइंट कंप्यूटर को जानकारी का अनुरोध और भेजते हैं।

विद्‌युत वितरण प्रणाली का स्वचालन

आधुनिक स्काडा (SCADA) प्रणालियाँ विद्‌युत वितरण कार्यों और वितरण प्रणालियों में मैन्युअल प्रक्रियाओं को निष्पादित करने के लिए मैन्युअल श्रम की जगह स्वचालित उपकरणों का उपयोग करती हैं। स्काडा (SCADA) संचालन में वास्तविक समय दृश्य, डेटा ट्रेंडिंग और लॉगिंग, वांछित वोल्टेज, धाराओं और पावर फैक्टर को बनाए रखने, अलार्म उत्पन्न करने आदि जैसी सुविधाएँ प्रदान करके बिजली वितरण प्रणाली की दक्षता को अधिकतम करता है।

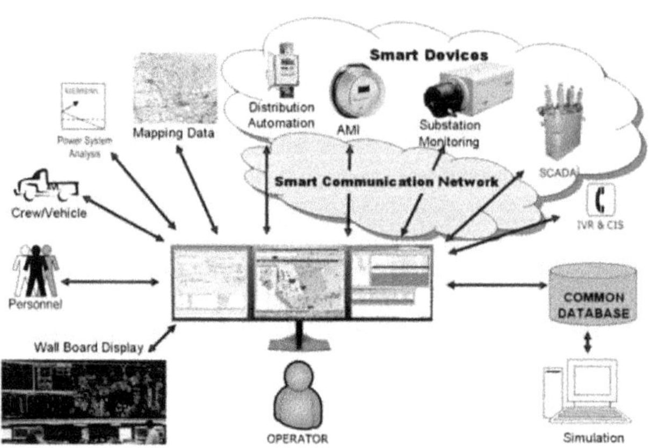

विद्युत वितरण प्रणाली का स्वचालन

स्काडा (SCADA) इंटेलिजेंट इलेक्ट्रॉनिक डिवाइस(IED) (या RTU) के उपयोग से वितरण प्रणालियों में विभिन्न उपकरणों की स्वचालित निगरानी, सुरक्षा और नियंत्रण करता है। यह खराबी की स्थिति में बिजली सेवा को बहाल करता है और वांछित परिचालन स्थितियों को भी बनाए रखता है।

स्काडा (SCADA) आउटेज की अवधि को कम करके आपूर्ति की विश्वसनीयता में सुधार करता है और वितरण प्रणाली के लागत-प्रभावी संचालन को भी सुनिश्चित करता है। इसलिए, वितरण स्काडा (SCADA) संपूर्ण विद्युत वितरण प्रणाली की निगरानी करता है। स्काडा (SCADA) के प्रमुख कार्यों को निम्न प्रकारों में वर्गीकृत किया जा सकता है।

सबस्टेशन नियंत्रण

फीडर नियंत्रण

अंतिम उपयोगकर्ता लोड नियंत्रण

स्काडा (SCADA) का उपयोग करके सबस्टेशन नियंत्रण

सबस्टेशन स्वचालन प्रणाली में, स्काडा (SCADA) बस वोल्टेज नियंत्रण, बस लोड संतुलन, परिसंचारी धारा नियंत्रण, अधिभार नियंत्रण, ट्रांसफार्मर दोष संरक्षण, बस दोष संरक्षण आदि जैसे संचालन करता है।

स्काडा (SCADA) प्रणाली सबस्टेशन में विभिन्न उपकरणों की स्थिति की निरंतर निगरानी करती है और तदनुसार रिमोट कंट्रोल उपकरणों को नियंत्रण संकेत भेजती है। साथ

ही, यह सबस्टेशन का ऐतिहासिक डेटा एकत्र करता है और विद्युत दुर्घटनाओं या दोषों की स्थिति में अलार्म उत्पन्न करता है।

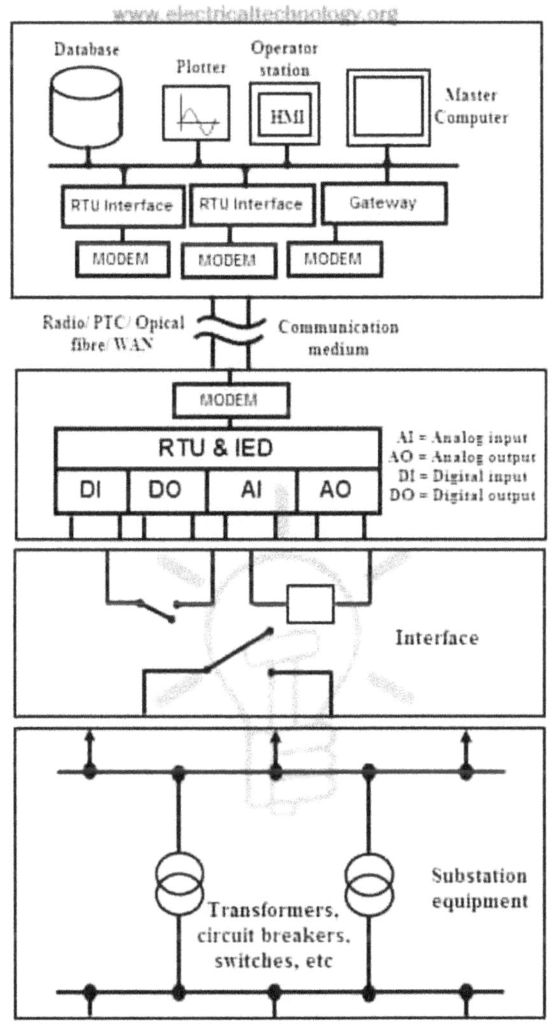

विशिष्ट स्काडा (SCADA) आधारित सबस्टेशन नियंत्रण प्रणाली

उपरोक्त चित्र विशिष्ट स्काडा (SCADA) आधारित सबस्टेशन नियंत्रण प्रणाली को दर्शाता है। सबस्टेशन उपकरण से जुड़े विभिन्न इनपुट/आउटपुट (I/O) मॉड्यूल फ़ील्ड पैरामीटर डेटा एकत्र करते हैं, जिसमें स्विच, सर्किट ब्रेकर, ट्रांसफ़ॉर्मर, कैपेसिटर और बैटरी, वोल्टेज और करंट परिमाण आदि की स्थिति शामिल है। आरटीयूस आई/ओ (RTUs I/O)आई/ओ डेटा एकत्र करते हैं और नेटवर्क इंटरफ़ेस मॉड्यूल के माध्यम से दूरस्थ मास्टर यूनिट को स्थानांतरित करते हैं।

केंद्रीय नियंत्रण या मास्टर यूनिट सूचना प्राप्त करता है और लॉग करता है, एचएमआई (HMI) पर प्रदर्शित करता है और प्राप्त डेटा के आधार पर नियंत्रण क्रियाएँ उत्पन्न करता है। यह केंद्रीय नियंत्रक प्रवृत्ति विश्लेषण, केंद्रीकृत अलार्मिंग और रिपोर्टिंग उत्पन्न करने के लिए भी जिम्मेदार है।

डेटा इतिहासकार, वर्कस्टेशन, मास्टर टर्मिनल यूनिट और संचार सर्वर नियंत्रण केंद्र पर एलएएन (LAN) द्वारा जुड़े हुए हैं। मानक प्रोटोकॉल संचार के साथ एक वाइड एरिया नेटवर्क (डब्ल्यूएएनWAN) कनेक्शन का उपयोग फ़ील्ड साइट्स और केंद्रीय नियंत्रक के बीच सूचना स्थानांतरित करने के लिए किया जाता है।

इस प्रकार, सबस्टेशन नियंत्रण के लिए स्काडा (SCADA) को लागू करने से अंततः नेटवर्क की विश्वसनीयता में सुधार होता है और माप और नियंत्रण आदेशों के उच्च गति हस्तांतरण के साथ डाउनटाइम को कम करता है।

स्काडा (SCADA) का उपयोग करके फीडर नियंत्रण

इस स्वचालन में फीडर वोल्टेज या वीएआर (VAR) नियंत्रण और फीडर स्वचालित स्विचिंग शामिल है। फीडर वोल्टेज नियंत्रण वोल्टेज विनियमन और कैपेसिटर प्लेसमेंट संचालन करता है जबकि फीडर स्विचिंग विभिन्न फीडरों के रिमोट स्विचिंग, दोषों का पता लगाने, दोष स्थान की पहचान करने, संचालन को अलग करने और सेवा की बहाली से संबंधित है।

इस प्रणाली में, स्काडा (SCADA) आर्किटेक्चर विभिन्न फीडिंग स्टेशनों पर तैनात वायरलेस फॉल्ट डिटेक्टर इकाइयों का उपयोग करके दोषों और उनके स्थान की लगातार जाँच करता है। इसके अलावा, यह फीडर मापदंडों और उनकी स्थिति के रिमोट सर्किट स्विचिंग और ऐतिहासिक डेटा संग्रह की सुविधा प्रदान करता है। नीचे दिया गया चित्र स्काडा (SCADA) का उपयोग करके फीडर स्वचालन को दर्शाता है।

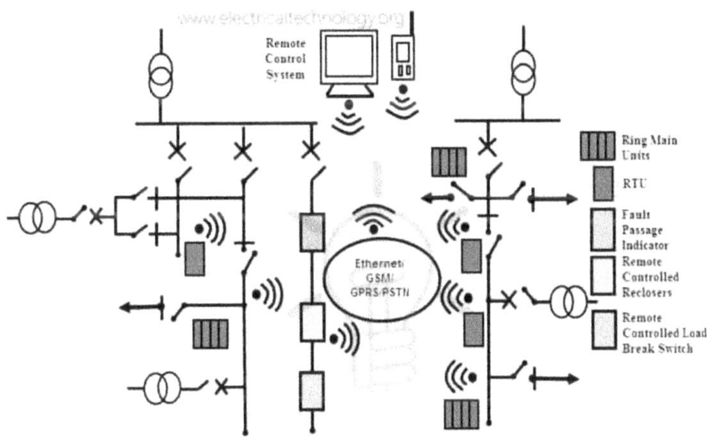

स्काडा (SCADA) का उपयोग करके फीडर स्वचालन

उपरोक्त विशिष्ट स्काडा (SCADA) नेटवर्क में, विभिन्न फीडर (भूमिगत और साथ ही ओवरहेड नेटवर्क) को आउटेज की संख्या और अवधि को कम करने के लिए मॉड्यूलर और एकीकृत उपकरणों के साथ स्वचालित किया जाता है। भूमिगत और ओवरहेड फॉल्ट डिटेक्शन डिवाइस क्षणिक और स्थायी दोषों के बारे में सटीक जानकारी प्रदान करते हैं ताकि दूरस्थ पक्ष पर दोष पुनरावृत्ति को कम करने के लिए निवारक और सुधारात्मक उपाय किए जा सकें। भूमिगत और ओवरहेड नेटवर्क की रिंग मेन यूनिट और रिमोट कंट्रोल यूनिट (आरटीयू RTU) रखरखाव और परिचालन कर्तव्यों जैसे रिमोट लोड स्विचिंग, कैपेसिटर बैंक इंसर्शन और वोल्टेज विनियमन के लिए जिम्मेदार हैं। केंद्रीय निगरानी स्टेशन पर दूरस्थ ऊर्जा प्रबंधन की सुविधा के लिए पूरा नेटवर्क एक संचार माध्यम से जुड़ा हुआ है।

स्काडा (SCADA) द्वारा अंतिम उपयोगकर्ता लोड नियंत्रण स्वचालन

उपयोगकर्ता के अंतिम छोर पर इस प्रकार का स्वचालन रिमोट लोड नियंत्रण, स्वचालित मीटर रीडिंग और बिलिंग जनरेशन आदि जैसे कार्यों को लागू करता है। यह बड़े उपभोक्ताओं द्वारा ऊर्जा की खपत और मांग या समय स्लॉट के अनुसार उचित मूल्य निर्धारण प्रदान करता है। यह ऊर्जा मीटर से छेड़छाड़ और चोरी का भी पता लगाता है और तदनुसार दूरस्थ सेवा को डिस्कनेक्ट करता है। समस्या का समाधान हो जाने पर, यह सेवा को फिर से कनेक्ट करता है।

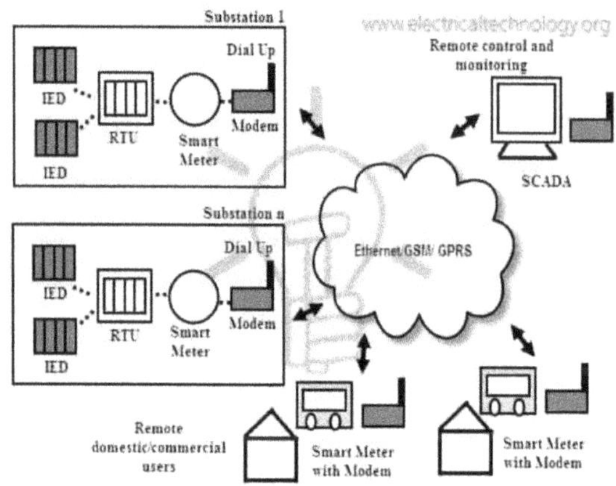

स्काडा (SCADA) का उपयोग करके एक केंद्रीकृत मीटर डेटा-प्रबंधन प्रणाली

उपरोक्त चित्र स्काडा (SCADA) का उपयोग करके एक केंद्रीकृत मीटर डेटा-प्रबंधन प्रणाली दिखाता है। यह बिलिंग उद्देश्य के लिए ऊर्जा मीटर डेटा को स्वचालित करने के लिए एक आसान और लागत प्रभावी समाधान है।

इसमें, संचार इकाई वाले स्मार्ट मीटर ऊर्जा खपत की जानकारी निकालते हैं और इसे केंद्रीय नियंत्रण कक्ष के साथ-साथ स्थानीय डेटा भंडारण इकाई को उपलब्ध कराते हैं। केंद्रीय नियंत्रण कक्ष में, एएमआर (AMR) नियंत्रण इकाई स्वचालित रूप से सभी मीटर डेटा को पुनर्प्राप्त, संग्रहीत और परिवर्तित करती है।

प्रत्येक मीटर पर मोडेम या संचार उपकरण केंद्रीय नियंत्रण और निगरानी कक्ष और दूरस्थ साइटों के बीच सुरक्षित दो-तरफ़ा संचार प्रदान करते हैं।

विद्युत वितरण के लिए स्काडा (SCADA) सिस्टम लागू करने के लाभ -

दोषों (फौल्टों/व्यवधानों) की समय पर पहचान होने के कारण, उपकरण क्षति से बचा जा सकता है।,

वितरण नेटवर्क की निरंतर निगरानी और नियंत्रण दूरस्थ स्थानों से किया जाता है।,

वितरण उपकरणों के मैनुअल संचालन को समाप्त करके श्रम लागत को बचाता है।,

समस्याओं को जल्दी से संबोधित करने के लिए सिस्टम-वाइड निगरानी और अलार्म उत्पन्न करके आउटेज (बिजली बंद) समय को कम करता है।,

दोषों (अस्थायी) की घटना के बाद सेवा को बहाल करके सेवा की निरंतरता में सुधार करता है।,

पावर फैक्टर सुधार और वीएआर (VAR) नियंत्रण द्वारा स्वचालित रूप से वोल्टेज प्रोफ़ाइल में सुधार करता है।,

विभिन्न तरीकों से इतिहासकार डेटा के दृश्य को सुविधाजनक बनाता है।,

मीटर रीडिंग के लिए आवश्यक कर्मचारियों को कम करके श्रम लागत को कम करता है।

स्काडा (SCADA) के अन्य कार्यों में शामिल हैं: -

· नेटवर्क दक्षता में सुधार के लिए ट्रांसफॉर्मर वोल्टेज टैप को नियंत्रित करना।,

· सेक्शनलाइज़र और रीक्लोजर का नियंत्रण और निगरानी।,

· सर्किट ब्रेकर नियंत्रण, लॉकआउट और इंटरलॉकिंग।,

· पीक पावर डिमांड को सीमित करना।,

· सामान्य और असामान्य दोनों स्थितियों में विभिन्न विद्युत मापदंडों की निरंतर निगरानी और नियंत्रण।

स्काडा कंट्रोल सेंटर (SCADA CONTROL CENTRE)

ऑटो रेक्लोजर

ऑटो रिक्लोजर एक विद्युत उपकरण है जो अस्थायी फॉल्ट (दोष) होने पर सर्किट को स्वचालित रूप से बंद करके बिजली आपूर्ति बहाल करने में मदद करता है। यह आमतौर पर सर्किट ब्रेकर के साथ इस्तेमाल होता है और इसका उद्देश्य विद्युत वितरण प्रणालियों में सेवा की विश्वसनीयता को बढ़ाना है।

यह कैसे काम करता है:

1. फॉल्ट का पता लगानाः

ऑटो रिक्लोजर फॉल्ट का पता लगाने के लिए करंट और वोल्टेज सेंसर का उपयोग करता है।

2. सर्किट को डिस्कनेक्ट करना:

फॉल्ट का पता लगने पर, ऑटो रिक्लोजर सर्किट ब्रेकर को ट्रिप (खोलना) कराता है, जिससे फॉल्ट वाले भाग को बिजली आपूर्ति से डिस्कनेक्ट किया जा सकता है।

3. कुछ समय के बाद रीक्लोज करना:

एक निर्धारित समय के बाद, ऑटो रिक्लोजर सर्किट ब्रेकर को फिर से बंद करने का प्रयास करता है, ताकि बिजली आपूर्ति को बहाल किया जा सके।

4. यदि फॉल्ट जारी है, तो बंद कर देना:

यदि फॉल्ट फिर से होता है, तो ऑटो रिक्लोजर सर्किट ब्रेकर को बंद कर देता है, जिससे सिस्टम सुरक्षित रह सके।

ऑटो रिक्लोजर के फायदे:

सेवा की विश्वसनीयता में वृद्धि:

ऑटो रिक्लोजर अस्थायी फॉल्ट के बाद बिजली आपूर्ति को जल्दी से बहाल करके सेवा की विश्वसनीयता में वृद्धि करता है।

डाउनटाइम में कमी:

ऑटो रिक्लोजर के उपयोग से फॉल्ट के बाद सेवा में रुकावट को कम किया जा सकता है।

आर्थिक लाभ:

ऑटो रिक्लोजर के उपयोग से बिजली आपूर्ति को जल्दी से बहाल करने और डाउनटाइम को कम करने से आर्थिक लाभ होता है।

उदाहरण: यदि एक पेड़ की टहनी ट्रांसमिशन लाइन पर गिर जाती है, तो यह एक अस्थायी फॉल्ट है। ऑटो रिक्लोजर फॉल्ट का पता लगाकर सर्किट ब्रेकर को ट्रिप कराएगा, और फिर कुछ समय बाद इसे बंद करके बिजली आपूर्ति को बहाल करने का प्रयास करेगा। यदि फॉल्ट ठीक हो गया है, तो बिजली आपूर्ति बहाल हो जाएगी, लेकिन यदि फॉल्ट जारी है, तो ऑटो रिक्लोजर सर्किट ब्रेकर को बंद कर देगा।

ऑटो रेक्लोजर

एफपी आई (FPI) फाल्ट पैसेज इंडिकेटर
फॉल्ट पैसेज इंडिकेटर कैसे काम करता है?
फॉल्ट पैसेज इंडिकेटर/फॉल्ट सेंसिंग इंडिकेटर उस कंडक्टर में प्रवाहित करंट को लगातार मापेगा जिस पर इसे क्लिप किया गया है और समय-समय पर मापे गए न्यूनतम, अधिकतम और औसत मानों को IEC 104 प्रोटोकॉल पर नियंत्रण केंद्र को भेजेगा।

एफपीआई (FPI) (फॉल्ट पैसेज इंडिकेटर) बिजली लाइन से बहने वाले करंट में होने वाले बदलावों का पता लगाकर काम करता है। जब लाइन में कोई फॉल्ट होता है, जैसे शॉर्ट सर्किट या ओवरकरंट, तो करंट का स्तर बदल जाता है। एफपीआई (FPI) करंट में होने वाले इस बदलाव का पता लगाता है और एक सिग्नल ट्रिगर करता है जो बताता है कि कोई फॉल्ट हुआ है।

सर्किट में इंडिकेटर क्या करता है?

दोषपूर्ण सर्किट संकेतक कंडक्टर से जुड़ते हैं, चुंबकीय क्षेत्र को मापते हैं, और जब माप सामान्य मापदंडों से बाहर हो जाते हैं तो दोष का संकेत प्रदर्शित करते हैं ।

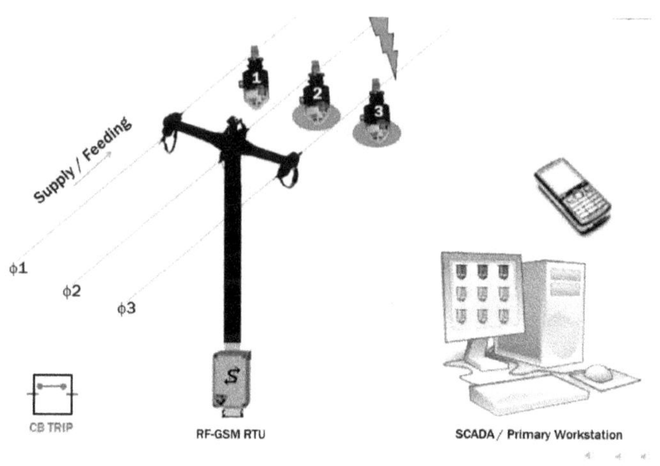

एफपी आई (FPI) फाल्ट पैसेज इंडिकेटर

7

संक्षिप्ताक्षर (अब्ब्रेवेशन)

संक्षिप्ताक्षर (अब्ब्रेवेशन)

- एसी - अल्टरनेटिंग करंट (AC - Alterneting Current)
- एआई - एनालॉग इनपुट (AI - ANALOG INPUT)
- **एपीआई - एप्लिकेशन प्रोग्रामिंग इंटरफेस़ (API -Application Programming Interface)**
- एटीएंडसी लोस – एग्रीगेट टेक्निकल एंड कमर्शियल लोस (समग्र तकनीकी एवं वाणिज्यिक हानियाँ) (AT&C Loss - Aggregrate Technical and Commercial Loss)
- एएमआर – ऑटोमेटिक मीटर रीडिंग (AMR – Autometic Meter Reading)
- एएमआई – एडवांस्ड मीटरिंग इंफ्रास्ट्रक्चर (AMI – Advanced Metering Infrastructure)
- एपीएसएस (APSS) - असिस्टेंट पावर सप्लाई सिस्टम (APSS - Assitant Power Supply System), यूपीएस (UPSs)
- एसीएस – एवरेज कॉस्ट ऑफ़ सप्लाई (ACS – Average Cost of Supply)
- एआरआर – एवरेज रिलाइजेबिल रेवेन्यू (ARR – Average Realizable Revenue)
- एआई- आरटीफ़िसियल इंटेलिजेंस (AI – Artificial Intelligence)
- एबीसी – एरियल बंच केबल (ABC – Aerial Bunch Cable)
- एपीआई – एप्लीकेशन प्रोग्रामिंग इंटरफेस़ (API – Application Programming Interface)
- एसीडीबी – अल्टरनेटिंग करंट डिस्ट्रीब्यूशन बोर्ड (ACDB – Alternating Current Distribution Board)
- बीईई – ब्यूरो ऑफ़ एनर्जी एफिशिएंसी (BEE – Bureau of Energy Efficiency)
- बीडब्लू - बैंड विड्थ (BW – Band Width)

- सीबी – सर्किट ब्रेकर (CB – Circuit Breaker)
- सीबी - कैपेसिटर बैंक (CB – Capacitor Bank)
- सीटी – करंट ट्रांसफार्मर (CT- Current Transformer)
- सीएमआर - कॉन्टैक्ट मल्टीप्लिंग रिले (CMR- Contact Multiplugging Relay)
- सीएमआर - कॉन्टैक्ट मोनिटरिंग रिले (CMR – Current Monitoring Relay)
- सीपीआरआई – कॉमन पब्लिक रेडियो इंटरफ़ेस (CPRI – Common Public Radio Interface)
- सीआईएस – सेंट्रल इनफार्मेशन सिस्टम (CIS – Central Information System)
- सीईए - सेंट्रल इलेक्ट्रिसिटी अथॉरिटी (CEA – Central Electricity Authority)
- सीपीयू – सेंट्रल प्रोसेसिंग यूनिट (CPU - Central Processing Unit)
- डीटी – डिस्ट्रीब्यूशन (वितरण) ट्रांसफॉर्मर (DT- Distribution Transformer)
- डीटीआर - डिस्ट्रीब्यूशन (वितरण) ट्रांसफार्मर (DTR – Distribution Transformer)
- डीएमएस – डिस्ट्रीब्यूशन मैनेजमेंट सिस्टम (DMS- Distribution Management System)
- डीसीयू - डेटा कंसंट्रेटर यूनिट (DCU – Data Concentrator Unit)
- डीसीडीबी – डायरेक्ट करंट डिस्ट्रीब्यूशन बोर्ड (DCDB – Direct Current Distribution Board)
- डिस्कॉम – डिस्ट्रीब्यूशन कंपनी (Discom - Distribution Company)
- डीबी – डाटा बेस (DB – Data Base)
- डीसी– डायरेक्ट करंट (DC - Direct Current)
- डीआई - डिजिटल इनपुट (DI - Digital Input)
- ईएमपी – इलेक्ट्रो मैग्नेटिक पल्स (EMP - Electro Magnetic Pulse)
- ईआरपी – इंटरप्राइजेज रिसोर्स प्लानिंग (ERP - Enterprises Resource Planning)
- ईएमएस – एनर्जी मैनेजमेंट सिस्टम (EMS – Energy Management System)
- एफएमएस – फीडर मोनिटरिंग सिस्टम (FMS – Feeder Monitoring System)
- जीआईएस – जियोग्राफिक इनफार्मेशन सिस्टम (GIS – Geographic Information System)
- एफओसी – फ्यूज ऑफ कॉल (FOC – Fuse of Call)
- एफआरटीयू – फीडर रिमोट टर्मिनल यूनिट (FRTU - Feeder Remote Terminal Unit)
- एफपीआई - फाल्ट (दोष) मार्ग संकेतक (FPI - Fault Passage Indicator)
- एमएफटी – मल्टी फ़ंक्शनल ट्रांसइयूसर (MFT – Multy Fuctional Transducer),
- जीओआई – गवर्नमेंट ऑफ़ इंडिया (GOI – Government of India)

- जीएसएम – ग्लोबल सिस्टम फॉर मोबाइल कम्युनिकेशन्स (GSM – Global System for Mobile Communications)
- एचएमआई - ह्यूमन मशीन इंटरफ़ेस (HMI - Human Machine Interface)
- एचडीआर - हैवी ड्यूटी रिलेज़ (HDR- Heavy Duty Relay)
- एचवीडीएस - हाई वोल्टेज डिस्ट्रीब्यूशन सिस्टम (HVDS- High Voltage Distribution System)
- आईसीटी – इनफार्मेशन एंड कम्युनिकेशन टेक्नोलॉजी (ICT - Information and Communication Technology)
- आईईडी - इंटेलिजेंस इलेक्ट्रॉनिक डिवाइस (IED - Inellegence Electronic Device)
- आईपी – इंटरनेट प्रोटोकॉल (IP – Internet Protocol)
- आईएस - इनफार्मेशन सिस्टम / इंडियन स्टैण्डर्ड (IS – Information System / Indian Standard)
- आईएसओ – इंटरनेशनल आर्गेनाइजेशन फॉर स्टैण्डराईजेशन (ISO – International Organization for Standardization)
- आईटी/ओटी – इनफार्मेशन टेक्नोलॉजी सिस्टम्स विद ऑपरेशनल टेक्नोलॉजी (IT/OT- Information Technology Systems with Operational Technology)
- जेएसओएन - जावा स्क्रिप्ट ऑब्जेक्ट नोटेशन (JSON - Jawa Script Object Notation)
- एलएएन – लोकल एरिया नेटवर्क (LAN - Local Area Network)
- एलएटीबी – लीड एसिड टूबुलर बैटरी (LATB - Lead Acid Tubular Battery)
- एलबीएस – लोड ब्रेक स्विच (LBS - Load Break Switch)
- एलसीडी - लिक्विड क्रिस्टल डिस्प्ले (LCD - Liquid Crystal Display)
- एलईडी– लाइट एमीट्रिंटग डायोड ((LED - Light-Emitting Diode)
- एलएफ – लो फ्रीक्वेंसी (LF - Low Frequency)
- एलडीएमएस - लोकल डेटा मॉनिटरिंग सिस्टम **(LDMS - Local Data Monitoring System)**
- एमबीसी – मीटरिंग बिलिंग एंड कलेक्शन (MBC - Metering, Billing and Collection)
- एमसीबी - मिनिएचर सर्किट ब्रेकर (MCB - Miniature Circuit Breaker)
- एमसीसीबी (MCCB) – मोल्डेड केस सर्किट ब्रेकर (MCCB - Molded Case Circuit Breaker)
- एमडीएमएस – मीटर डाटा मैनेजमेंट सिस्टम (MDMS - Meter Data Management System)
- एमएफटी – मल्टी फंक्शन ट्रांस्ड्यूसर (MFT - Multi-function Transducer)

- एमआईएस – मैनेजमेंट इनफार्मेशन सिस्टम (MIS - Management Information System)
- एमवीएआर – मेगावोल्ट एम्पीयरस रिएक्टिव (MVAR - Megavolt Ampears Reactive)
- एनएबीएल – नेशनल एक्रीडिटेशन बोर्ड फॉर टेस्टिंग एंड कैलिब्रेशन लैबोरेट्रीज (NABL - National Accreditation Board for Testing and Calibration Laboratories)
- एनएफएमएस (NFMS) – नेशनल फीडर मोनिटरिंग सिस्टम (NFMS - National Feeder Monitoring System)
- एनपीपी - नेशनल पॉवर पोर्टल (NPP - National Power Portal)
- ओए - ऑपरेशनल एक्सप्टेंस (OA - Operational Acceptance)
- ओटी – ऑपरेशनल टेक्नोलॉजी (OT - Oprerational Technology)
- ओईएम – ओरिजिनल इक्विपमेंट मैन्युफैक्चरर (OEM - Original Equipment Manufacturer)
- ओएलटीसी – ऑन लोड टेप चेंजिंग (OLTC - On Load Tape Changing)
- ओएम – ऑपरेशन मॉनिटर (OM - Operation Monitor)
- ओएमएस - आउटेज मैनेजमेंट सिस्टम (OMS - Outage Management System)
- ओएस – ऑपरेटिंग सिस्टम (OS - Operating System)
- पीएसी - प्रोग्रामेबल ऑटोमेशन कंट्रोलर (PAC - Programable Automation Controler)
- पीएलसी - प्रोग्रामेबल लॉजिक कंट्रोलर (PLC - Programable Logic Controler)
- पीएफसी – पॉवर फाइनेंस कारपोरेशन (PFC - Power Finance Corporation)
- पीडीटीसी – पॉवर डिस्ट्रीब्यूशन ट्रेनिंग सेंटर (PDTC - Power Distribution Training Center)
- पीईआरटी – प्रोजेक्ट इवैल्यूएशन एंड रिव्यु टेकनिक (PERT - Project Evaluation and Review Technique)
- पीएमए – प्रोजेक्ट मैनेजमेंट एजेंसी (PMA - Project Management Agency)
- पीपीपी - पब्लिक प्राइवेट पार्टनरशिप (PPP - Public Private Partnership)
- पीएमपी – प्रोजेक्ट मैनेजमेंट प्रोफेशनल (PMP - Proiect Management Professional)
- पीटी - पोटेंशियल ट्रांसफार्मर/पॉवर ट्रांसफार्मर (PT - Potential Transformer)/(Power Transformer)
- क्यूसीपी - क्वालिटी कंट्रोल पोर्टल (QCP - Quality Control Portal)
- क्यूसीएमएम – क्वालिटी कंट्रोल मटेरियल मैनेजमेंट (QCMM - Quality Control Material Management)
- क्यूआर (QR) – क्वालिफिकेशन रेक्वॅयरमेंट (QR - Qualification Requirment)

- आरएफ - रेडियो फ्रीक्वेंसी (RF – Radio Frequency)
- आरएमयू - रिंग मेन यूनिट (RMU - Ring Main Unit)
- आरटीयू - रिमोट टर्मिनल यूनिट (RTU- Remote Terminal Unit)
- आरटीयू - रिमोट टेलीमेट्री यूनिट (RTU - Remote Telemetry Unit)
- आरओए - रिसोर्स ओरिएंटेड आर्किटेक्चर (ROA - Resource Oriented Architecture)
- आरईएसटी - रिप्रेजेंटेटिव स्टेट ट्रांसफर (REST - Representative State Transfer)
- आरएएम – रैंडम एसेस मेमोरी (RAM - Random-Access Memory)
- आरडीएसएस – रेवम्पेड रिफॉर्म्स बेस्ड एंड रिजल्ट लिंक्ड डिस्ट्रीब्यूशन सेक्टर स्कीम (पुनर्निर्मित वितरण क्षेत्र योजना) (RDSS) - Revamped Reforms Based and Results Linked Distribution Sector Scheme.
- आरईसी - रूरल इलेक्ट्रिफिकेशन कारपोरेशन (REC - Rural Electrification Corporation)
- आरईएम – रिमोट एनर्जी मैनेजमेंट (REM - Remote Energy Management)
- आरईएम – रेवन्यू इवैल्यूएशन मैट्रिक्स (REM - Revenue Evaluation Matrix)
- आरएफआई – रिक्वेस्ट फॉर इनफार्मेशन (RFI - Request for lnformation)
- आरएफपी – रिक्वेस्ट फॉर प्रपोजल (RFP - Request for Proposal)
- आरपीयू - रुपीज पर यूनिट (RPU -Rupees per Unit)
- सैफी – सिस्टम एवरेज इंटरपशन फ्रीक्वेंसी इंडेक्स (SAIFI – System Average Interruption Frequency Index)
- सैडी - सिस्टम एवरेज इंटरपशन ड्यूरेशन इंडेक्स (SAIDI – System Average Interruption Duration Index)
- सिम - सब्सक्राइबर आइडेंटिटी मॉड्यूल (SIM – Subscriber Identity Module)
- एसईआरसी – स्टेट एल्क्ट्रिसिटी रेगुलेटरी कमीशन (SERC - State Electricity Regulatory Commission)
- एसएलडी – सिंगल लाइन डायग्राम (SLD - Single Line Diagram)
- एसएलडीसी (SLDC) – स्टेट लोड डिस्पैच सेंटर (SLDC - State Load Despatch Centre)
- एसएमएस – शोर्ट मेसेज सर्विस (SMS - Short Message Service)
- एसओएपी - (सिंपल ऑब्जेक्ट एक्सेस प्रोटोकॉल (SOAP - Simple Object Access Protocol)
- एसओए - सर्विस ओरिएंटेड आर्किटेक्चर (SOA - State Oriented Architecture)
- स्काडा – सुपरवाइजरी कन्ट्रोल एण्ड डाटा एनालिसिस (पर्यवेक्षी नियंत्रण और डेटा अधिग्रहण) (SCADA – Supervisory Control And Data Analysis)
- टीबी – टर्मिनल ब्लोक्स (TB -Terminal Blockes)

- टी एंड डी – ट्रांसमिशन एंड डिस्ट्रीब्यूशन (T&D - Transmission and Distribution)
- टी एंड डी लोस – ट्रांसमिशन एंड डिस्ट्रीब्यूशन लोस (T&D Loss -Transmission and Distribution Loss)
- टीओडी – टाइम ऑफ़ डे (TOD - Time of Day)
- टीकेसी – टर्न की कांट्रेक्टर (TKC - Turn Key Contractor)
- टीटीबी – टेस्ट टर्मिनल ब्लाक (TTB - Test Terminal Block)
- यूजी - अंडर ग्राउंड (UG - Under Ground)
- यूपीएस - अनइंटरपटिड पॉवर सप्लाई (UPS - Uninterrupted Power Supply)
- वीएआर – वोल्ट एम्पीयर रिएक्टिव (VAR - Volt-Ampere Reactive)
- वीपीएन – वर्चुअल प्राइवेट नेटवर्क ((VPN - Virtual Private Network)
- वीपीएस – वर्चुअल प्राइवेट सर्वर ((VPS - Virtual Private Server)
- डब्ल्यूएएन – वाइड एरिया नेटवर्क (WAN - Wide Area Network)
- एक्सएमएल - एक्सटेंसिबल मार्कअप लैंग्वेज (XML – Extensible MarkUp Language)

लेखक - रनवीर सिंह

लेखक - रनवीर सिंह (Ranvir Singh)

रनवीर सिंह (Ranvir Singh)

रनवीर सिंह (तोमर) आत्मज स्व. श्री दिलीप सिंह

बी.ई.(इलेक्ट्रिकल), एफ. आई. ई., चार्टर्ड इंजीनियर.

जन्म - 02 जुलाई 1955

जन्म स्थान- गांव - नगला भूपसिंह, डाकघर - पिसावा, जिला अलीगढ़, उत्तर प्रदेश 202155.

शिक्षा - बी. एससी. इंजीनियरिंग (इलेक्ट्रिकल), अलीगढ़ मुस्लिम यूनिवर्सिटी अलीगढ़ उ. प्र. (1978),

सेवा - मध्य प्रदेश विद्युत मंडल (1979 से 2015), 36 वर्ष, सेवानिवृत्ति - अति. मुख्य अभियंता.

वर्तमान - फैकल्टी मेम्बर पावर डिस्ट्रीब्यूशन ट्रेनिंग सेंटर भोपाल

वर्तमान निवास - मकान न. डुप्लेक्स - 11. , कुटुम्ब अपार्टमेंट बलवन्त नगर यूनिवर्सिटी रोड, ठाठीपुर, ग्वालियर, म.प्र. 474002.

अभिरुचि - पुस्तक अध्ययन, इलेक्ट्रिकल विषयों पर लेक्चर देना, सामाजिक गतिविधियां, वृक्षारोपण कार्य आदि .

अणुडाक - er.rsingh55@gmail.com, चलित दूरभाष - +91- 9425137463.

प्रकाशित पुस्तकें - सामान्य - चौरासी का चक्कर, ज्योतिष और भारतीय पर्व, जीवन की प्रेरणादायक कहानियां, हरियाणा के लाल, हरियाणा के राम ।

विद्युत - ऊर्जा संरक्षण एवं अक्षय ऊर्जा, विद्युत सुरक्षा एवं उपचार, विद्युत वितरण संचालन और संधारण, विद्युत ऊर्जा मीटर, अर्थिंग(भू-संयोजन), विद्युत वितरण

ट्रांसफ़ॉर्मर, विद्युत लाइन, विद्युत उपकेन्द्र, पावर कैपेसिटर।

जातीय पुस्तक - जाट संत, जाट कवि, जाट बिलदानी, जटवारा चम्बल सिंध, तोमर(तंवर- तनवर), जाट मुख्यमंत्री, जाट राज्यपाल, जाट महिला खिलाड़ी, जाट प्लेयर्स (कॉमन वेल्वेथ गेम्स वर्मिन्घम - 2022), Tomar Dynasty (तोमर डायनेस्टी, जाट प्रधानमंत्री, एक व्यक्तित्व राजा महेंद्र प्रताप, जाट रियासतें ।

(प्रकाशक - नोशन प्रेस/Notion Press, वितरक - नोशन प्रेस, अमेज़न, फ्लिप्कार्ट, किन्डल)